OFFICE
PROPRE
DE
S. CHARLES
BORROMÉE.

S. Charles Borromeé Cardinal
Et Archevêque de Milan

OFFICE
PROPRE
DE
SAINT CHARLES
BORROMÉE,
LATIN-FRANÇOIS,
DRESSÉ
SELON LE BREVIAIRE ET LE MISSEL
DE PARIS.

Par un Prêtre de la Doctrine Chrétienne.

A PARIS,

Chez JEAN-THOMAS HERISSANT,
rue S. Jacques, à S. Paul & à S. Hilaire.

M. DCC. LVIII.
Avec Approbation & Privilege du Roi.

PREFACE.

LEs Prêtres de la Doctrine Chrétienne ont toujours honoré saint Charles d'un culte particulier, non-seulement parce que la plûpart de leurs Maisons, Colléges & Séminaires sont institués sous l'invocation de ce saint Cardinal, mais encore parce qu'ils savent que le vénérable CESAR DE BUS, leur Fondateur, le prit pour modéle & pour régle de sa vie pénitente, de son zéle ardent pour le salut des ames, & suivit exactement son esprit dans l'établissement de sa Congrégation. Aussi les Enfans de ce saint Prêtre ont-ils toujours regardé avec justice saint Charles Borromée comme leur véritable & premier Instituteur. C'est ce qui les a engagés à composer cet Office pour célébrer sa Fête avec plus de solemnité. Ils ne l'avoient dressé d'abord que pour leur usage particulier : mais Messieurs les Curés des Paroisses de Paris, où la Fête de ce saint Cardinal est au nombre des grandes Solemnités, ayant bien voulu l'honorer de leur approbation, & l'adopter pour leurs Eglises ; ils espérent que le Clergé des Paroisses du Diocèse, les Séminaires ou Communautés qui ont ce grand Archevêque pour Patron, imiteront avec joie leur exemple,

& qu'ils se serviront de cet Office, dans lequel on ne s'est écarté en rien des régles prescrites & observées dans le nouveau Bréviaire & le nouveau Missel de Paris.

Quoique le saint Archevêque de Milan soit l'objet général de cet Office, chaque partie néanmoins a son objet particulier. En voici tout le plan.

Aux I. Vêpres. La naissance de S. Charles, sujet de joie pour l'Eglise affligée par les héréfies de Luther & de Calvin. L'enfance du Saint ; son éducation ; son entrée dans le Clergé ; sa vocation au sacré ministére.

Aux I. Complies. Le pieux Cardinal passe toutes les nuits en priéres, pour attirer sur lui & sur son peuple les graces dont ils ont besoin.

A l'Office de la Nuit. L'Episcopat du Saint en général.

Au I. Nocturne. Saint Charles travaille avec un zéle infatigable à la réforme de la Ville de Milan.

Au II. Nocturne. Il s'applique à réformer le Clergé ; bâtit & répare les Eglises ; rétablit la décence des Offices divins.

Au III. Nocturne. Il visite son Diocèse. Fruit de ses visites. Il est persécuté : on porte contre lui des accusations au Conseil du Roi d'Espagne. On attente à sa vie : ses dispositions dans ces circonstances différentes.

A Laudes. La vie pénitente, les aumônes,

les jeûnes, la patience, les mortifications, & toutes les vertus particuliéres de ce saint Archevêque.

A Prime. Zéle du Saint pour la Doctrine Chrétienne. Il est fidéle à consacrer les prémices du jour par la priére.

A la Procession. Origine de cette cérémonie, & sa fin.

A Tierce. Les dispositions que S. Charles apportoit à la célébration des saints Mystéres.

A la Messe. On reléve quelques actions éclatantes de la vie du Saint pendant son Episcopat, sa vocation, son zéle, sa charité, &c.

A Sexte. La reconnoissance tendre & sincére de ce pieux Cardinal pour les graces qu'il recevoit du Seigneur.

A None. La retraite de ce Saint au Mont-Varal, sa piété envers les Mystéres de la Passion de notre Seigneur J. C.

Aux II. Vêpres. Tout ce que fit S. Charles, lorsque la peste ravageoit la Ville & le Diocése de Milan : sa mort dans un âge peu avancé : exhortation à marcher sur ses traces.

Aux II. Complies. Entrée du Saint dans le Ciel, pour y être notre intercesseur auprès de Dieu.

Au Salut. C'est un bon Pasteur qui a reçu sa récompense.

A la Messe du Dimanche dans l'Octave. On

est uniquement occupé de la charité excessi-
ve du Saint pour les pauvres ; on demande à
Dieu de rendre commune parmi les fidéles ,
cette vertu , qui est si rare aujourd'hui.

Aux Suffrages pendant l'année. La pénitence rétablie : intrépidité & courage invincible du Saint ; les miracles opérés à son
tombeau.

L'Hymne des premiéres Vépres est de
M. le Beau , Professeur de l'Université ; les
autres de M. Santeul de S. Magloire , avec
la Traduction de M. Perault de l'Académie
Françoise.

L'Homélie du Jour & les Leçons de toute
l'Octave sont des extraits de ces excellens
Discours que notre Saint prononçoit à l'ou-
verture de ses Conciles provinciaux , & servent à faire connoître d'une maniére plus
sensible l'esprit dont il étoit animé.

L'ORDINAIRE
DE LA MESSE.

PRosterné au pied de votre saint Autel, je vous adore, Dieu tout-puissant : je crois fermement que la Messe à laquelle je vais assister, est le sacrifice du Corps & du Sang de Jesus-Christ votre Fils. Faites que j'y assiste avec l'attention, le respect & la frayeur que demandent de si redoutables Mystéres : & que par les mérites de la Victime qui s'immole pour moi, immolé moi-même avec elle, je ne vive plus que pour vous, qui vivez & régnez dans tous les siécles des siécles. Amen.

Le Prêtre au pied de l'Autel, fait le signe de la Croix, & dit :

AU nom du Pere, & du Fils, & du Saint-Esprit. Amen.

Je m'approcherai de l'autel de Dieu : ℟. Je me présenterai devant Dieu, qui remplit mon ame d'une joie toujours nouvelle.

IN nómine Patris, & Filii, & Spíritûs Sancti. Amen.

Introíbo ad altáre Dei : ℟. Ad Deum qui lætíficat juventútem meam.

PSEAUME 42.

SOyez mon Juge, ô mon Dieu, & prenez ma défense contre les impies : délivrez - moi de

JUdica me, Deus ; & discerne causam meam de gente non sancta : ab hómine ini-

quo & dolóso érue
me.

℟. Quia tu es,
Deus, fortitúdo mea:
quare me repulísti?
& quare tristis incédo
dum affligit me ini-
mícus?

Emitte lucem tuam
& veritátem tuam,
ipsa me deduxérunt
& adduxérunt in mon-
tem sanctum tuum, &
in tabernácula tua.

℟. Et introíbo ad
altáre Dei; ad Deum
qui lætíficat juventú-
tem meam.

Confitébor tibi in
cíthara, Deus, Deus
meus: quare tristis es,
ánima mea, & quare
conturbas me?

℟. Spera in Deo,
quóniam adhuc, con-
fitébor illi; salutáre
vultús mei, & Deus
meus.

Glória Patri, & Fí-
lio, & Spirítui sancto;
℟. Sicut erat in prin-
cipio, & nunc & sem-
per, & in sécula secu-
lórum. Amen.

l'homme injuste & trom-
peur.

℟. Car vous êtes mon
Dieu; vous êtes ma force:
pourquoi vous éloignez-
vous de moi? Pourquoi me
laissez-vous dans le deuil
& la tristesse sous l'op-
pression de mes ennemis?

Faites briller sur moi
votre lumiére & votre vé-
rité: qu'elles me condui-
sent sur votre montagne
sainte, & qu'elles me fassent entrer jusques dans
votre sanctuaire.

℟. Je m'approcherai de
l'autel de Dieu; je me
présenterai devant Dieu,
qui remplit mon ame
d'une joie toujours nou-
velle.

Je chanterai vos louan-
ges sur la harpe, mon Seigneur & mon Dieu: ô
mon ame, pourquoi donc
êtes-vous triste, & pour-
quoi me troublez-vous?

℟. Espérez en Dieu;
car je lui rendrai encore
des actions de graces: il
est mon Sauveur, il est
mon Dieu.

Gloire au Pere, & au
Fils, & au Saint-Esprit;
℟. Aujourd'hui & tou-
jours, comme dès le com-
mencement, & dans tous
les siécles des siécles.

Je m'approcherai de l'autel de Dieu : ℟. Je me présenterai devant Dieu, qui remplit mon ame d'une joie toujours nouvelle.

Notre secours est dans le nom du Seigneur, ℟. Qui a fait le ciel & la terre.

Introíbo ad altáre Dei : ℟. Ad Deum qui lætíficat juventútem meam.

Adjutórium nostrum in nómine Dómini, ℟. Qui fecit cœlum & terram.

Après le Confiteor *du Prêtre, les Assistans répondent :*

QUe Dieu tout-puissant ait pitié de vous; & qu'après vous avoir pardonné vos péchés, il vous conduise à la vie éternelle. ℟. Amen.

MIsereátur tui omnípotens Deus, & dimissis peccátis tuis, perdúcat te ad vitam æternam. ℟. Amen.

Les Assistans font la Confession, en disant :

JE confesse à Dieu tout-puissant, à la bienheureuse Marie toujours Vierge, à saint Michel Archange, à saint Jean-Baptiste, aux Apôtres S. Pierre & saint Paul, a tous les Saints, & à vous, mon Pere, que j'ai beaucoup péché par pensées, par paroles & par actions : c'est ma faute : c'est ma faute : c'est ma très-grande faute. C'est pourquoi je supplie la bienheureuse Marie toujours Vierge, saint Michel Archange, saint Jean-Baptiste, les Apôtres saint Pierre & saint Paul, tous

COnfíteor Deo omnipotenti, beátæ Maríæ semper Vírgini, beáto Michaéli Archángelo, beáto Joanni Baptistæ, sanctis Apóstolis Petro & Paulo, ómnibus Sanctis, & tibi, Pater, quia peccávi nimis cogitatióne, verbo & ópere : meâ culpâ : meâ culpâ : meâ máximâ culpâ. Ideò precor beátam Maríam semper Vírginem, beátum Michaélem Archángelum, beátum Joannem Baptistam, sanctos Apóstolos Petrum & Paulum, omnes Sanctos, & te, Pater, oráre pro me ad Dóminum Deum noſtrū.

les Saints, & vous, mon Pere, de prier pour moi le Seigneur notre Dieu.

Le Prêtre prie pour les Aſſiſtans & pour lui-mémé.

MIſereátur veſtri, omnipotés Deus, & dimiſſis peccátis veſtris, perducat vos ad vitam æternam.

QUe Dieu tout-puiſ-ſant ait pitié de vous; & qu'après vous avoir pardonné vos péchés, il vous conduiſe à la vie é-ternelle.

℟. Amen.

Indulgéntiam, ab-ſolutiónem, & remiſ-ſiónem peccatórum noſtrórum tribuat no-bis omnipotens & mi-ſéricors Dóminus.

℟. Amen.

Que le Seigneur tout-puiſſant & miſéricordieux nous accorde le pardon, l'abſolution & la rémiſ-ſion de nos péchés.

℟. Amen.

Deus, tu converſus vivificábis nos;

℟. Amen.

Mon Dieu, tournez vos regards vers nous, & vous nous donnerez une nou-velle vie;

℟. Et plebs tua læ-tábitur in te.

Oſtende nobis, Dó-mine, miſericórdiam tuam;

℟. Et votre peuple ſe réjouira en vous.

Faites - nous ſentir, Seigneur, les effets de votre miſéricorde;

℟. Et ſalutáre tuum da nobis.

Dómine, exaudi oratiónem meam;

℟. Et accordez-nous le ſalut qui vient de vous.

Seigneur, daignez écou-ter ma priére;

℟. Et clamor meus ad te véniat.

℣. Dóminus vobiſ-cum,

℟. Et que mes cris pé-nétrent juſqu'à vous.

℣. Le Seigneur ſoit avec vous,

℟. Et cum ſpíritu tuo.

℟. Et avec votre eſprit.

Lorsque le Prêtre monte à l'Autel.

NOus vous supplions, Seigneur, d'effacer & de détruire nos iniquités ; afin que nous nous approchions du Saint des Saints avec une entiére pureté de cœur & d'esprit ; Par N. S. J. C.

AUfer à nobis, quæsumus, Dómine, iniquitátes nostras ; ut ad Sancta Sanctórum puris mereámur méntibus introíre ; Per Christum Dóminum nostrum.

Lorsqu'il baise l'Autel.

NOus vous prions, Seigneur, par les mérites des Saints dont les Reliques sont dans ce saint Temple, & de tous les Saints, de daigner me pardonner mes péchés. Amen.

ORámus te, Dómine, per mérita Sanctórum tuórum quorum Relíquiæ hîc sunt, & ómnium Sanctórum, ut indulgére dignéris ómnia peccáta mea. Amen.

Le Prêtre bénit l'encens, en disant :

Soyez béni par celui en l'honneur de qui vous serez brûlé. Amen.

Ab illo benedicáris in cujus honóre cremáberis. Amen.

Après l'Introït, le Prêtre & les Assistans disent trois fois alternativement,

Seigneur, ayez pitié de nous.

Kyrie, eléïson.

Jesus, ayez pitié de nous.

Christe, eléïson.

Seigneur, ayez pitié de nous.

Kyrie, eléïson.

GLoire à Dieu dans le Ciel ; & paix sur la terre aux hommes de bonne volonté. Nous vous louons. Nous vous bénissons. Nous vous adorons.

GLória in excelsis Deo ; & in terra pax homínibus bonæ voluntátis. Laudámus te. Benedícimus te. Adorámus te. Glorificámus te. Grátias ágimus tibi propter magnam glóriam tuam; Dómine Deus, Rex cœlestis, Deus, Pater omnípotens; Dómine Fili unigénite, Jesu Christe; Dómine Deus, Agnus Dei, Filius Patris; Qui tollis peccáta mundi, miserére nobis. Qui tollis peccáta mundi, súscipe deprecatiónem nostram. Qui sedes ad déxteram Patris, miserére nobis. Quóniam tu solus Sanctus; Tu solus Dóminus; Tu solus Altíssimus, Jesu Christe, cum sancto Spíritu, in glória Dei Patris. Amen.

℣. Dóminus vobíscum,

℞. Et cum spíritu tuo.

Nous vous glorifions. Nous vous rendons graces dans la vue de votre gloire infinie; Seigneur Dieu, souverain Roi du Ciel, ô Dieu, Pere tout-puissant, Seigneur Jesus-Christ, Fils unique de Dieu; Seigneur Dieu, Agneau de Dieu, Fils du Pere; vous qui effacez les péchés du monde, ayez pitié de nous. Vous qui effacez les péchés du monde, recevez notre humble priére. Vous qui êtes assis à la droite du Pere, ayez pitié de nous. Car vous êtes le seul Saint, le seul Seigneur, le seul Très-haut, ô Jesus-Christ, avec le S. Esprit, dans la gloire de Dieu le Pere. Amen.

℣. Le Seigneur soit avec vous,

℞. Et avec votre esprit.

Le Prêtre récite la Collecte.

Avant l'Evangile, il dit au milieu de l'Autel :

MUnda cor meum ac lábia mea, omnípotens Deus, qui lábia Isaíæ Prophétæ cálculo mundasti ignito; ita me tuâ gratâ miseratióne dignáre mundáre; ut sanctum Evangélium tuum di-

PUrifiez mon cœur & mes lévres, Dieu tout-puissant, qui avez purifié les lévres du Prophéte Isaïe avec un charbon ardent : daignez par un effet de votre miséricorde envers moi, me purifier de telle sorte, que je puisse annoncer

annoncer dignement vo- gnè váleam nuntiá-
tre saint Evangile ; Par re ; Per Dóminum no-
notre Seigneur. strum.

Aux Messes hautes , pendant que le Chœur chante le Graduel , le Diacre met le Livre des Evangiles au milieu de l'Autel , & dit la priére précédente , Munda cor meum. Ensuite il reprend le Livre , & se mettant à genoux devant le Célébrant , il lui demande la bénédiction , en disant :

Mon Pere, donnez-moi   Jube , donne, be-
votre bénédiction.   nedícere.

Le Prêtre répond :

Que le Seigneur soit   Dóminus sit in cor-
dans votre cœur,& sur vos de tuo , & in lábiis
lévres ; afin que vous an- tuis ; ut dignè & com-
nonciez dignement son   petenter annúnties E-
saint Evangile , au nom   vangélium suum , in
du Pere , & du Fils, & du nómine Patris , & Fí-
Saint-Esprit. Amen.   lii, & Spíritûs Sancti.
                          Amen.

Le Prêtre bénit l'Encens , en disant :

Soyez béni par celui en   Ab illo benedicáris ,
l'honneur de qui vous se- in cujus honóre cre-
rez brûlé.   máberis.

Après l'Evangile , le Diacre porte le Livre ouvert au Célébrant , en disant :

Voilà les paroles saintes.   Hæc sunt verba sancta.

Le Célébrant baise l'Evangile , & dit :

Je le crois, & je le con-   Credo, & confíteor.
fesse.

Dans les Messes basses , le Prêtre , après le Munda cor meum , comme ci-dessus , dit :

Que le Seigneur soit   Dóminus sit in cor-
dans mon cœur & sur mes   de meo & in lábiis
lévres , afin que j'annon- meis, ut dignè & com-

petenter annúntiem Evangélium suum. Amen.	dignement son saint Evangile. Amen.

Per Evangélica dicta deleantur nostra delícta.

CRedo in unum Deum, Patrem omnipoténtem, factórem cœli & terræ, visibílium ómnium & invisibílium. Et in unum Dóminum Jesum Christum, Filium Dei unigénitum. Et ex Patre natum ante ómnia sécula ; Deum de Deo, lumen de lúmine, Deum verum de Deo vero ; Génitum, non factum, consubstantiálem Patri ; per quem ómnia facta sunt. Qui propter nos hómines, & propter nostram salútem, descendit de cœlis. Et incarnátus est de Spíritu sancto, ex María Vírgine, & HOMO FACTUS EST. Crucifixus etiam pro nobis, sub Póntio Piláto passus, & sepultus est. Et resurrexit tértiâ die, secundùm Scriptúras; Et ascendit in cœlum,

Que nos péchés soient effacés par les paroles du saint Evangile.

JE crois en un seul Dieu, le Pere tout-puissant, qui a fait le ciel & la terre, toutes les choses visibles & invisibles. Je crois en un seul Seigneur Jesus-Christ, Fils unique de Dieu, qui est né du Pere avant tous les siécles ; Dieu de Dieu, lumiére de lumiére, vrai Dieu de vrai Dieu ; Qui n'a pas été fait, mais engendré, consubstantiel au Pere ; par qui tout a été fait. Qui est descendu des cieux pour nous autres hommes, & pour notre salut: Qui s'est incarné en prenant un corps dans le sein de la Vierge Marie par l'opération du Saint-Esprit, QUI S'EST FAIT HOMME; qui a été crucifié pour nous, qui a souffert sous Ponce-Pilate, & qui a été mis dans le tombeau. Qui est ressuscité le troisiéme jour selon les Ecritures. Qui est monté au Ciel, où il est assis à la droite du Pere. Qui viendra de nouveau plein de gloire juger les vivans & les morts ; & dont le régne n'aura point de fin. Je crois au Saint-Esprit, qui est aussi Seigneur, & qui donne la vie ; qui procéde du Pere & du Fils. Qui est adoré & glórifié conjointement avec le Pere & le Fils ; qui a parlé par les Prophétes. Je crois l'Eglise qui est Une, Sainte, Catholique & Apostolique. Je confesse qu'il y a un baptême pour la rémission des péchés. J'attends la résurrection des morts : Et la vie du siécle à venir. Amen.

sedet ad déxteram Patris. Et iterùm ventúrus est cum glória, judicáre vivos & mórtuos ; cujus regni non erit finis. Et in Spíritum Sanctum, Dóminum, & vivificantem, qui ex Patre Filioque procédit ; Qui cum Patre & Fílio simul adorátur, & conglorificátur ; qui locútus est per Prophétas. Et Unam, Sanctam, Cathólicam, & Apostólicam Eccléfiam. Confiteor unum Baptisma in remissiónem peccatórum. Et expecto resurrectiónem mortuórum. Et vitam ventúri séculi. Amen.

℣. Dóminus vobiscum , &c.

Le Prêtre dit l'Offertoire.

OBLATION DE L'HOSTIE.

REcevez, ô Pere saint, Dieu éternel & toutpuissant, cette hostie sans tache que je vous offre, tout indigne que je suis de ce ministére. Je vous l'offre, Seigneur, comme à mon Dieu vivant & véritable, pour mes péchés, mes offenses & mes négligences qui font sans nombre : je vous l'offre aussi

SUscipe, sancte Pater, omnípotens, æterne Deus, hanc immaculátam hóstiam, quam ego indignus fámulus tuus óffero tibi Deo meo vivo & vero, pro innumerabílibus peccátis & offensiónibus & negligéntiis meis, & pro ómnibus circumstántibus , sed pro ómnibus fidélibus Christiánis vivis atque defunctis ; ut mihi & illis profficiat ad salútem in vitam æternam. Amen.

pour tous les assistans , & même pour tous les fidéles Chrétiens vivans & morts ; afin qu'elle serve à eux & à moi pour le salut éternel. Amen.

Le Prêtre met le vin & l'eau dans le Calice , & dit :

DEus,qui humánæ substántiæ dignitátem mirabíliter condidísti , & mirabíliùs reformásti : da nobis per hujus aquæ & vini mystérium , ejus divinitátis esse consortes , qui humanitátis nostræ fíeri dignátus est párticeps , Jesus Christus Fílius tuus Dóminus noster ; Qui tecum vivit & regnat in unitáte Spíritùs Sancti Deus.

ODieu, qui par un effet admirable de votre puissance avez créé l'homme dans un haut dégré d'excellence , & qui par un prodige de bonté encore plus surprenant avez daigné réparer cet ouvrage de vos mains après sa chûte : donnez-nous par le mystére que ce mélange d'eau & de vin nous représente , la grace de participer à la divinité de Jesus-Christ votre Fils,qui a bien voulu se revêtir de notre humanité ; Lui qui étant Dieu vit & régne avec vous en l'unité du Saint-Esprit.

OBLATION DU CALICE.

OFférimus tibi , Dómine,Cálicem salutáris , tuam deprecantes cleméntiam , ut in conspectu divínæ Majestátis tuæ , pro nostra & totíus mundi salúte , cum odóre suavitátis ascendat.

Amen.

NOus vous offrons , Seigneur, le Calice du salut , en conjurant votre bonté de le faire monter comme un parfum d'une agréable odeur jusqu'au tróne de votre divine Majesté , pour notre salut & celui de tout le monde.

Amen.

Nous nous présentons devant vous, Seigneur, avec un esprit humilié & un cœur contrit : recevez-nous, & faites que notre sacrifice s'accomplisse aujourd'hui devant vous d'une maniére qui vous le rende agréable, ô Seigneur notre Dieu.

IN spíritu humilitátis & in ánimo contríto suscipiámur à te, Dómine : & sic fiat sacrifícium nostrum in conspéctu tuo hódie ut pláceat tibi, Dómine Deus.

Venez, Sanctificateur tout-puissant, Dieu éternel ; & bénissez ce sacrifice destiné pour rendre gloire à votre saint nom.

Veni, Sanctificátor omnípotens, æterne Deus ; & bénedic hoc sacrifícium tuo sancto nómini præparátum.

BÉNÉDICTION DE L'ENCENS.

Le Prêtre bénit l'Encens, en disant :

Que par l'intercession du bienheureux Archange qui est debout à la droite de l'autel des parfums, & par la priére de tous ses élus, le Seigneur daigne bénir cet encens, & le recevoir comme un parfum d'une odeur agréable ; Par Jésus-Christ notre Seigneur. Amen.

PEr intercessiónem beáti Archángeli stantis à dextris altáris incensi, & ómnium electórum suórum, dignétur Dóminus incensum istud benedícere, & in odórem suavitátis accipere ; Per Christum Dóminum nostrum. Amen.

Il encense le pain & le vin qui ont été offerts, & il dit :

Que cet encens que vous avez béni, monte vers vous, Seigneur ; & que votre miséricorde descende sur nous.

Incensum istud à te benedíctum, ascendat ad te, Dómine ; & descendat super nos misericórdia tua.

Il encenfe l'Autel , en difant : Pf. 140.

Dirigátur, Dómine, orátio mea , ficut incenfum in confpectu tuo: elevátio mãnuum meárum facrificium vefpertínum. Pone , Dómine , cuftódiam ori meo , & óftium circumftántiæ lábiis meis. Non declínes cor meum in verba malítiæ , ad excufandas excufatiónes in peccátis.

Que ma priére , Seigneur , s'éleve vers vous , comme la fumée de l'encens : que l'élévation de mes mains vous foit agréable comme le facrifice du foir. Mettez , Seigneur , une garde à ma bouche , & une porte à mes lévres. Ne permettez point que mon cœur fe laiffe aller à des paroles de malice , pour chercher des excufes à mes péchés.

En rendant l'encenfoir au Diacre , il dit :

Accendat in nobis Dóminus ignem fui amóris , & flammam æternæ caritátis. Amen.

Que le Seigneur allume en nous le feu de fon amour , & qu'il nous enflamme d'une charité éternelle. Amen.

Le Prêtre lave fes doigts , en difant : Pf. 25.

LAvábo inter innocentes manus meas, & circúmdabo altáre tuum, Dómine, ut áudiam vocem laudis , & enarrem univerfa mirabília tua. Dómine , dilexi decórem domús tuæ, & locum habitatiónis glóriæ tuæ. Ne perdas cum ímpiis , Deus , ánimam meam, & cum

JE laverai mes mains avec les juftes , & je m'approcherai de votre autel, Seigneur, afin d'entendre publier vos louanges , & de raconter moimême toutes vos merveilles. J'ai aimé la beauté de votre maifon , Seigneur , & le lieu où réfide votre gloire. O Dieu , ne me confondez pas avec les impies , & ne me traitez pas comme les homicides. Leurs mains sont accoutumées à l'injustice, & ils se laissent séduire par les présens. Pour moi, j'ai marché dans l'innocence: rachetez-moi donc, Seigneur, & prenez pitié de moi. Mes pieds se sont arrêtés dans la voie de la justice: je vous bénirai, Seigneur, dans les assemblées des Fidéles. Gloire au Pere, & au Fils, & au Saint-Esprit: à présent & toujours, comme dès le commencement, & dans tous les siécles. Amen.

viris sánguinum vitam meam. In quorum mánibus iniquitátes sunt: déxtera eórum repléta est munéribus. Ego autem in innocéntia mea ingressus sum: rédime me, & miserére mei. Pes meus stetit in directo: in ecclésiis benedícam te, Dómine. Glória Patri, & Filio, & Spirítui sancto: Sicut erat in princípio, & nunc, & semper, & in sécula seculórum. Amen.

Le Prêtre s'incline au milieu de l'Autel, & dit:

REcevez, ô Trinité sainte, l'oblation que nous vous présentons en mémoire de la Passion, de la Résurrection, & de l'Ascension de Jesus Christ notre Seigneur; & en l'honneur de la bienheureuse Marie toujours Vierge, de saint Jean-Baptiste, des Apôtres S. Pierre & S. Paul, des Saints dont les Reliques sont ici, & de tous les autres Saints; afin qu'ils y trouvent leur gloire, & nous notre salut; & que ceux dont nous honorons la mémoire sur la terre, daignent inter-

SUscipe, sancta Trinitas, hanc oblatiónem quam tibi offérimus ob memóriam Passiónis, Resurrectiónis & Ascensiónis Jesu Christi Dómini nostri; & in honórem beátæ Maríæ semper Virginis, & beáti Joannis Baptistæ, & sanctórum Apostolórum Petri & Pauli, & istórum, & ómnium Sanctórum; ut illis proficiat ad honórem, nobis autem ad salútem; & illi pro nobis intercédere dignentur

in cœlis, quorum me-
móriam ágimus in ter-
ris ; Per eumdem.

céder pour nous dans le
Ciel ; Par le même J. C.
N. S. Amen.

Puis il se tourne vers les Assistans, & dit :

ORáte, fratres, ut
meum ac vestrum
sacrisicium acceptá-
bile fiat apud Deum
Patrem omnipoten-
tem.

PRiez, mes freres, que
mon sacrifice qui est
aussi le vôtre, soit favorablement reçu de Dieu le
Pere tout-puissant.

℞. Suscipiat Dómi-
nus hoc sacrificium de
mánibus tuis, ad lau-
d m & glóriam nómi-
nis sui, ad utilitátem
quoque nostram, to-
tiusque Ecclésiæ suæ
sanctæ.

℞. Que le Seigneur re-
çoive par vos mains ce
sacrifice pour l'honneur &
la gloire de son nom, pour
notre utilité particuliére,
& pour le bien de toute
son Eglise sainte.

Le Prêtre répond Amen, & dit ensuite une ou plusieurs
Secretes, qu'il finit ainsi :

PEr ómnia sécula
seculórum.

DAns tous les siécles
des siécles.

℞. Amen.

℞. Amen.

Dóminus vobiscum.

Le Seigneur soit avec
vous,

℞. Et cum spíritu
tuo.

℞. Et avec votre esprit.

Surfum corda.

Elevez vos cœurs.

℞. Habémus ad Dó-
minum.

℞. Nous les tenons éle-
vés vers le Seigneur.

Grátias agámus Dó-
mino Deo nostro.

Rendons graces au Sei-
gneur notre Dieu.

℞. Dignum & ju-
stum est.

℞. Il est juste & raison-
nable de le faire.

PREFACE   COMMUNE.

VErè dignum & ju-
stum est, æquum
& salutáre, nos tibi

IL est véritablement ju-
ste & raisonnable, il
est équitable & salutaire

de vous rendre graces par notre Seigneur J. C. toujours & en tout lieu, ô Seigneur très-saint, Pere tout-puissant, Dieu éternel : c'est par Jesus-Christ que les Anges louent votre Majesté suprême ; que les Dominations l'adorent ; que les Puissances la craignent & la révérent, & que les Cieux, les Vertus des cieux, & la troupe bienheureuse des Séraphins célébrent ensemble votre gloire dans les transports d'une sainte joie. Faites, Seigneur, que nous unissions nos voix a celles de ces esprits bienheureux, pour chanter avec eux, prosternés devant vous, Saint, &c.

semper & ubíque grátias ágere, Dómine sancte, Pater omnipotens, æterne Deus ; Per Christum Dóminum nostrum ; Per quem majestátem tuã laudant Angeli, adórant Dominatiónes, tremunt Potestátes, Cœli, cœlórumque Virtútes, ac beáta Séraphim, sóciâ exultatióne concélebrant. Cum quibus & nostras voces ut admitti júbeas, deprecámur, súpplici confessióne dicentes : Sanctus, &c.

Elle se dit quand on ne fait pas l'Office de Saint Charles.

IL est véritablement juste & raisonnable, il est équitable & salutaire de vous rendre graces en tout tems & en tout lieu, Seigneur très-saint, Pere toutpuissant, Dieu éternel ; Qui êtes glorifié dans l'assemblée des Saints, & qui en couronnant nos mérites, couronnez vos dons : qui donnez dans la vie

VErè dignum & justum est, æquum & salutáre, nos tibi semper & ubíque grátias ágere, Dómine sancte, Pater omnípotens, æterne Deus ; Qui glorificáris in concílio Sanctórum, & eórum coronando mérita, corónas dona tua : qui nobis in eó rum præbes & conversatióne exemplum, & communióne consórtium, & intercessióne subsídium ; ut tantam habentes impósitam nubem téstium, per patiéntiam currámus ad propósitum nobis certámen, & cum eis percipiámus immarcessíbilem glóriæ corónam ; per Jesum Christum Dóminum nostrum, cujus sánguine ministrátur nobis intróitus in æternum regnum : per quem Majestátem tuã trementes adórant Angeli, & omnes Spirítuum cœlestium chori sóciá exultatióne concélebrant. Cum quibus & nostras voces ut admitti júbeas deprecámur, súpplici confessióne dicentes :

sainte qu'ils ont menée, des modéles que nous avons à suivre ; dans la communion avec eux, une association qui tourne à notre avantage ; dans leur intercession pour nous, des protecteurs sensibles à nos besoins ; afin qu'étant environnés d'une si grande foule de témoins, nous courrions par la patience dans la carriére qui nous est ouverte, & que nous recevions avec eux cette couronne de gloire, qui ne se flétrit point, & que nous attendons par Jesus-Christ notre Seigneur, dont le sang nous donne entrée au royaume éternel. C'est par le même Jesus-Christ que les Anges adorent en tremblant votre Majesté suprême, & que tous les chœurs des Ésprits célestes célébrent vos louanges dans les transports d'une sainte joie.

Faites que nous unissions nos voix à ces Ésprits bienheureux, pour chanter avec eux :

Sanctus, Sanctus, Sanctus Dóminus Deus Sábaoth. Pleni sunt cœli & terra glória tua ; Hosanna in excélsis. Benedíctus qui venit in nómine Dómini. Hosanna in excélsis.

Saint, Saint, Saint est le Seigneur, le Dieu des armées. Votre gloire remplit les cieux & la terre ; Hosanna au plus haut des cieux. Béni soit celui qui vient au nom du Seigneur. Hosanna à celui qui habite au plus haut des cieux.

LE CANON DE LA MESSE.

NOus vous supplions donc, Pere tres-miféricordieux, & nous vous conjurons par notre Seigneur Jefus-Chrift votre Fils, d'agréer & de bénir ces dons, ces offrandes, ces facrifices purs & fans tache, que nous vous offrons pour votre fainte Eglife Catholique ; afin qu'il vous plaife de lui donner la paix, de la conferver, de la maintenir dans l'union, & de la gouverner par toute la terre, & avec elle votre ferviteur *N.* notre Pape, notre Evêque *N.* & notre Roi *N.* enfin tous ceux qui font orthodoxes, & qui font profeffion de la foi catholique & apoftolique.

TE ígitur, clementíffime Pater, per Jefum Chriftum Fílium tuum Dominum noftrum, súpplices rogámus ac pétimus, uti accepta hábeas & benedícas hæc dona, hæc múnera, hæc fancta facrificia illibáta, in primis quæ tibi offérimus pro Eccléfia tua fancta cathólica, quam pacificáre, cuftodíre, adunáre & régere dignéris toto orbe terrárum, unà cum fámulo tuo Papa noftro *N.* & Antíftite noftro *N.* & Rege noftro *N.* & ómnibus orthodoxis, atque cathólicæ & apoftólicæ fidei cultóribus.

MEMOIRE DES VIVANS.

SOuvenez - vous, Seigneur, de vos ferviteurs & de vos fervantes *N.* & *N.* .... & de tous ceux qui font ici préfens, dont vous connoiffez la foi & la piété, pour qui nous vous offrons ce facrifice de louange, ou qui vous l'offrent, tant pour

MEmento, Dómine, famulórum famulárumquetuárum *N.* & *N.* .... & ómnium circumftántium, quorum tibi fides cognita eft, & nota devótio ; pro quibus tibi offérimus, vel qui tibi ófferunt hoc facrifi-

cium laudis pro se suif-
que ómnibus, pro re-
demptióne animárum
suárum, pro spe salú-
tis & incolumitátis
suæ, tibique reddunt
vota sua æterno Deo,
vivo & vero.

COmmunicantes,
& memóriam ve-
nerantes, in primis
gloriósæ semper Vír-
ginis Maríæ, genitrí-
cis Dei & Dómini
noftri Jefu Chrifti; fed
& beatórum Apofto-
lórum ac Mártyrum
tuórum Petri & Pauli,
Andréæ, Jacóbi, Joan-
nis, Thomæ, Jacóbi,
Philippi, Bartholo-
mæi, Matthæi, Simó-
nis & Thadæi, Lini,
Cleti, Clementis, Xi-
fti, Cornélii, Cypriá-
ni, Lauréntii, Chry-
sógoni, Joannis &
Pauli, Cofmæ & Da-
miáni, & ómnium
Sanctórum tuórum;
quorum méritis pre-
cibufque concédas, ut
in ómnibus protectió-
nis tuæ muniámur au-
xilio; Per eundem.

HAne igitur obla-
tiónem servitútis
noftræ, sed & cunctæ

eux-mêmes, que pour ceux
qui leur appartiennent,
pour la rédemption de
leurs ames, pour l'efpé-
rance de leur falut & de
leur confervation, & pour
vous rendre leurs homma-
ges comme au Dieu éter-
nel, vivant & véritable.

ETant unis de commu-
nion avec tous vos
Saints, nous honorons la
mémoire, premiérement
de la glorieufe Vierge Marie, Mere de Dieu J. C.
notre Seigneur, & de vos
bienheureux Apôtres &
Martyrs, Pierre, Paul, André, Jacques, Jean, Tho-
mas, Jacques, Philippe,
Barthélemi, Matthieu,
Simon & Thadée, Lin,
Clet, Clément, Xifte, Cor-
neille, Cyprien, Laurent,
Chryfogóne, Jean & Paul,
Côme & Damien, & de
tous vos Saints; par les
mérites & les priéres def-
quels nous vous fupplions
de nous accorder en tou-
tes chofes le fecours de
votre protection: C'eft ce
que nous vous demandons
par le même Jefus-Chrift
notre Seigneur. Amen.

NOus vous prions
donc, Seigneur, de
recevoir favorablement

l'hommage que nous vous rendons par cette oblation qui est aussi celle de toute votre Eglise : accordez-nous pendant les jours de cette vie mortelle, la paix qui vient de vous ; préservez-nous de la damnation éternelle, & mettez-nous au nombre de vos élus ; par J. C. N. S. Amen.

NOus vous prions, ô Dieu, de bénir cette oblation, de la mettre au nombre de celles que vous approuvez, de l'agréer, d'en faire un sacrifice digne d'être reçu de vous, & par lequel nous vous rendions un culte raisonnable & spirituel ; ensorte qu'elle devienne pour nous le Corps & le Sang de votre Fils bien-aimé J. C. notre Seigneur, qui la veille de sa passion, prit du pain dans ses mains saintes & vénerables, & levant les mains au ciel vers vous, ô Dieu son Pere tout-puissant, vous rendit graces, & bénit ce pain, le rompit, & le donna à ses disciples, en disant : Prenez, & mangez-en tous : Car ceci est mon Corps.

famíliæ tuæ, quæsumus, Dómine, ut placátus accípias, diesque nostros in tua pace dispónas, atque ab æterna damnatióne nos éripi, & in electórum tuórum júbeas grege numerári ; per Christum Dóminum nostrum. Amen.

QUam oblatiónem tu, Deus, in ómnibus, quæsumus, benedictam, adscriptam, ratam, rationábilem, acceptábilemque fácere dignéris, ut nobis Corpus & Sanguis fiat dilectíssimi Fílii tui Dómini nostri Jesu Christi, qui prídie quàm paterétur, accépit panem in sanctas ac venerábiles manus suas ; & elevátis óculis in cœlum, ad te Deum Patrem suum omnipotentem, tibi grátias agens, benedixit, fregit, deditque discípulis suis, dicens : Accípite, & manducáte ex hoc omnes : Hoc est enim Corpus meum.

Simili modo, postquàm cœnatum est, accipiens & hunc præclárum cálicem in sanctas ac venerábiles manus suas ; item tibi grátias agens, benedixit, deditque discípulis suis, dicens : Accípite, & bíbite ex eo omnes : Hic est enim calix Sánguinis mei, novi & æterni testamenti (mystérium fidei,) qui pro vobis & pro multis effundétur in remissiónem peccatórum. Hæc quotiescumque fecéritis, in meî memóriam faciétis.

Unde & mémores, Dómine, nos servi tui, sed & plebs tua sancta, ejusdem Christi Filii tui Dómini nostri tam beátæ Passiónis, necnon & ab ínferis Resurrectiónis, sed & in cœlos gloriósæ Ascensiónis, offérimus præcláræ Majestáti tuæ de tuis do-

De même, après qu'il eut soupé, prenant ce précieux calice entre ses mains saintes & adorables, il vous rendit graces, le bénit & le donna à ses disciples, en disant : Prenez, & buvez-en tous : Car ceci est le calice de mon Sang, le sang de la nouvelle & éternelle alliance, (mystére de foi,) qui sera répandu pour vous & pour plusieurs, en rémission des péchés. Toutes les fois que vous ferez ces choses, vous les ferez en mémoire de moi.

C'est pour cela, Seigneur, que nous qui sommes vos serviteurs, & avec nous votre peuple saint, faisant mémoire de la Passion de votre Fils J. C. N. S. de sa Résurrection en sortant du tombeau, victorieux de l'enfer, & de sa glorieuse Ascension au Ciel, nous offrons à votre incomparable Ma-

---

O *Salutaris hostia,*
Quæ cœli pandis
ostium ;
Bella prænum hostilia,
Da robur, fer auxilium.

O Victime du salut, qui nous ouvrez le ciel, l'ennemi nous livre de rudes combats ; fortifiez-nous contre ses attaques.

jesté ce qui est le don même que nous avons reçu de vous, l'Hostie pure, l'Hostie sainte, l'Hostie sans tache, le pain sacré de la vie qui n'aura point de fin, & le Calice du salut éternel.

Daignez, Seigneur, regarder d'un œil favorable l'oblation que nous vous faisons de ce saint sacrifice; de cette hostie sans tache: daignez l'agréer comme il vous a plû agréer les présens du juste Abel votre serviteur, le sacrifice de notre Patriarche Abraham, & celui de Melchisédech votre Grand-Prêtre.

Nous vous supplions, ô Dieu tout-puissant, de commander que ces dons soient portés par les mains de votre saint Ange sur votre autel sublime, en présence de votre divine Majesté; afin que tout ce que nous sommes ici, qui participans à cet autel aurons reçu le Corps & le Sang de votre Fils, nous soyons remplis de toutes les bénédictions & de toutes les graces du Ciel; Par le même Jesus-Christ.

nis ac datis Hóstiam puram; Hóstiam sanctam, Hóstiam immaculátam, panem sanctum vitæ æternæ, & Cálicem salútis perpétuæ.

Supra quæ propítio ac seréno vultu respícere dignéris, & accepta habére sicúti accepta habére dignátus es múnera púeri tui justi Abel, & sacrifícium Patriarchæ nostri Abrahæ, & quod tibi óbtulit summus Sacerdos tuus Melchísedech, sanctum Sacrifícium, immaculátam Hóstiam.

Súpplices te rogámus, omnípotens Deus, jube hæc perferri per manus sancti Angeli tui in sublime altáre tuum, in conspéctu divínæ Majestátis tuæ; ut quotquot ex hac altáris participatióne sacrosanctum Fílii tui Corpus & Sánguinem sumpsérimus, omni benedictióne cœlesti & grátiâ repleámur; Per eundem Christum.

MEMOIRE DES MORTS.

MEmento étiam, Dómine, famulórum famularúmque tuárum, qui nos præcessérunt cum signo fidei, & dórmiunt in somno pacis.

SOuvenez-vous aussi, Seigneur, de vos serviteurs & de vos servantes, qui marqués au sceau de la foi ont fini leur vie mortelle avant nous, pour s'endormir du sommeil de paix.

Ici on fait Mémoire de ceux pour qui on vèut prier.

Ipsis, Dómine, & ómnibus in Christo quiescéntibus, locum refrigérii, lucis & pacis, ut indúlgeas deprecámur ; Per eundem Christum.

Nous vous supplions, Seigneur, de leur accorder par votre miséricorde, à eux & à tous ceux qui reposent en J. C. le lieu du rafraîchissement, de la lumiére & de la paix ; Par.

NObis quoque peccatóribus, fámulis tuis, de multitúdine miseratiónum tuárum sperántibus, partem áliquam & societátem donáre dignéris cum tuis sanctis Apóstolis & Martyribus; cum Joanne, Stéphano, Mátthia, Bárnaba, Ignátio, Alexandro, Marcellíno, Petro, Felicitáte, Perpétua, Agatha, Lúcia, Agnéte, Cæcília, Anastásia, & ómnibus Sanctis tuis: intra quorum nos consórtium, non æstimátor mériti, sed véniæ, quæsumus,

POur nous, pécheurs, qui sommes vos serviteurs & qui espérons en votre grande miséricorde, daignez nous donner part au céleste héritage avec vos saints Apôtres & Martyrs, avec Jean, Etienne, Matthias, Barnabé, Ignace, Alexandre, Marcellin, Pierre, Félicité, Perpétue, Agathe, Luce, Agnès, Cécile, Anastasie, & avec tous vos Saints : daignez nous admettre en leur sainte société, non en consultant nos mérites, mais en usant d'indulgence à notre égard ; Par Jésus-Christ notre Seigneur, par lequel vous produisez tou-

Jours, Seigneur, vous sanctifiez, vous vivifiez, vous bénissez, & vous nous donnez tous ces biens. Que par lui, avec lui, & en lui, tout honneur & toute gloire vous soient rendus, ô Dieu Pere tout-puissant, en l'unité du Saint-Esprit ; Dans tous les siécles des siécles.

℟. Amen.

ómnia sécula

Prions.

AVertis par le commandement salutaire de J. C. & conformément à l'instruction sainte qu'il nous a laissée, nous osons dire :

NOtre Pere qui êtes dans les Cieux : Que votre nom soit sanctifié : Que votre regne arrive : Que votre volonté soit faite sur la terre comme dans le Ciel : Donnez-nous aujourd'hui notre pain de chaque jour, & pardonnez-nous nos offenses, comme nous pardonnons à ceux qui nous ont offensés : Et ne nous abandonnez pas à la tentation ;

℟. Mais délivrez-nous du mal. Amen.

largítor admitte ; Per Christum Dóminum nostrum, per quem hæc ómnia, Dómine, semper bona creas, sanctíficas, vivíficas, benedícis & præstas nobis : Per ipsum, & cum ipso, & in ipso est tibi Deo Patri omnipotenti, in unitáte Spíritûs sancti, omnis honor & glória ; Per seculórum. ℟. Amen.

Orémus.

PRæceptis salutáribus móniti, & divinâ institutióne formáti, audémus dícere :

PAter noster, qui es in cœlis : Sanctificétur nomen tuũ : Advéniat regnum tuũ : Fiat voluntas tua, sicut in cœlo & in terra : Panem nostrum quotidiánum da nobis hódie ; Et dimitte nobis débita nostra, sicut & nos dimíttimus debitóribus nostris : Et ne nos indúcas in tentatiónem ;

℟. Sed libera nos à malo. Amen.

Libera nos, quæsumus, Dómine, ab ómnibus malis prætéritis, præséntibus & futúris : & intercedente beátá & gloriósá semper Virgine Dei genitrice Maríá, cum beátis Apóstolis tuis Petro & Paulo, atque Andréâ & ómnibus Sanctis, da propitius pacem in diébus nostris ; ut ope misericôrdiæ tuæ adjúti, & à peccáto simus semper líberi, & ab omni perturbatióne secúri ; Per eundem Dóminum nostrum Jesum Christum Filium tuũ, qui tecum vivit & regnat in unitáte Spíritûs Sancti Deus ; Per ómnia sécula seculórum. ℞. Amen.

Pax Dómini sit semper vobiscum,

℞. Et cum spiritu tuo.

Hæc commíxtio & consecrátio Córporis & Sánguinis Dómini nostri Jesu Christi, fiat accipiéntibus nobis in vitam æternam. Amen.

AGnus Dei, qui tollis peccáta mundi, miserére nobis.

Délivrez - nous, s'il vous plaît, Seigneur, de tous les maux passés, présens & à venir ; & par l'intercession de la bienheureuse Marie, Mere de Dieu, toujours Vierge, & de vos bienheureux Apôtres Pierre, Paul, André, & de tous vos Saints, daignez nous faire jouir de la paix pendant le cours de notre vie mortelle ; afin qu'étant assistés du secours de votre miséricorde, nous ne soyons jamais assujettis au péché, ni agités par aucun trouble : Nous vous en prions par le même Jesus-Christ votre Fils notre Seigneur, qui étant Dieu vit & régne avec vous en l'unité du Saint-Esprit ; Dans tous les siécles des siécles. ℞. Amen.

Que la paix du Seigneur soit toujours avec vous,

℞. Et avec votre esprit.

Que ce mélange & cette consécration du Corps & du Sang de notre Seigneur Jésus - Christ, que nous allons recevoir nous procure la vie éternelle. Amen.

AGneau de Dieu, qui effacez les péchés du monde, ayez pitié de nous.

Agneau de Dieu , qui effacez les péchés du monde , ayez pitié de nous.

Agneau de Dieu , qui effacez les péchés du monde , donnez-nous la paix.

SEigneur Jesus-Christ , qui avez dit à vos Apôtres : Je vous laisse la paix , je vous donne ma paix ; n'ayez pas d'égard à mes péchés , mais à la foi de votre Eglise , & donnez-lui la paix & l'union dont vous voulez qu'elle jouisse ; Vous qui étant Dieu , vivez & régnez dans tous les siécles des siécles. Amen.

Agnus Dei, qui tollis peccáta mundi, miserére nobis.

Agnus Dei, qui tollis peccáta mundi , dona nobis pacem.

DOmine Jesu Christe , qui dixisti Apóstolis tuis : Pacem relinquo vobis , pacem meam do vobis ; ne respicias peccáta mea , sed fidem Ecclésiæ tuæ , eamque secundùm voluntátem tuam pacificáre & coadunáre dignéris ; Qui vivis & regnas , &c.

Si le Prêtre doit donner la paix , en la donnant il dit :

Mon frere , que la paix soit avec vous , & avec la sainte Eglise de Dieu.

SEigneur Jesus-Christ , Fils du Dieu vivant , qui par la volonté du Pere & la coopération du S. Esprit , avez donné la vie aux hommes en mourant pour eux : délivrez-moi par votre saint Corps & votre précieux Sang ici présens , de tous mes péchés , & de tous les autres maux : faites , s'il vous plaît , que je m'attache toujours inviolablement à votre loi , & ne

Pax tibi, frater , & Ecclésiæ sanctæ Dei.

DOmine Jesu Christe , Fili Dei vivi , qui ex voluntáte Patris , cooperante Spíritu sancto , per mortem tuam mundum vivificásti : libera me per hoc sacro-sanctum Corpus & Sánguinem tuum , ab ómnibus iniquitátibus meis, & universis malis; & fac me tuis semper inhærére mandátis, & à te nunquam separári permittas ; Qui cum eódem Deo Patre & Spíritu sancto vivis & regnas Deus, in sécula seculórum. Amen.

PErcéptio Córporis tui , Dómine Jesu Christe , quod ego indignus súmere præsumo , non mihi provéniat in judícium & condemnatiónem ; sed pro tua pietáte prosit mihi ad tutamentum mentis & córporis & ad medélam percipiendam ; Qui vivis & regnas cum Deo Patre in unitáte Spíritús Sancti Deus, Per ómnia sécula seculórum. Amen.

Panem cœléstem accípiam , & nomen Dómini invocábo.

permettez pas que je me sépare jamais de vous ; Qui étant Dieu vivez & régnez avec Dieu le Pere & le S. Esprit dans tous les siécles des siécles. Amen.

JEsus - Christ mon Seigneur, que la participation de votre Corps que j'ose recevoir , tout indigne que j'en suis, ne tourne point à mon jugement & à ma condamnation ; mais que par votre bonté elle serve à la défense de mon corps & de mon ame, & qu'elle soit le reméde de tous mes maux. Accordez-moi cette grace , Seigneur , qui étant Dieu vivez & régnez en l'unité du Saint-Esprit, dans tous les siécles des siécles. Amen.

Je prendrai le pain céleste , & j'invoquerai le nom du Seigneur.

Le Prêtre prenant l'Hostie entre ses mains , dit trois fois la Priére suivante :

Dómine , non sum dignus ut intres sub tectum meum : sed tantùm dic verbo , & sanábitur ánima mea.

Corpus Dómini nostri Jesu Christi custódiat ánimam meam in vitam æternam. Amen.

Seigneur , je ne suis pas digne de vous recevoir dans ma maison : mais dites seulement une parole , & mon ame sera guérie.

Que le Corps de notre Seigneur Jesus-Christ garde mon ame pour la vie éternelle. Amen.

QUe rendrai-je au Seigneur pour toutes les graces qu'il m'a faites ? Je prendrai le Calice du salut, & j'invoquerai le nom du Seigneur en chantant ses louanges, & je serai délivré de mes ennemis.

Que le Sang de notre Seigneur Jesus-Christ garde mon ame pour la vie éternelle.

QUid retríbuam Dómino pro ómnibus quæ retríbuit mihi ? Cálicem salutáris accípiam , & nomen Dómini invocábo. Laudans invocábo Dóminum , & ab inimícis meis salvus ero.

Sanguis Dómini nostri Jesu Christi custódiat ánimam meam in vitam æternã. Amen.

S'il y a quelques personnes à communier , on les communie. Le Prêtre en présentant le Corps de notre Seigneur , dit : Corpus Dómini nostri Jesu Christi. *Le Communiant fait un Acte de foi , en repondant* Amen ; *après quoi le Prêtre ajoute :* custódiat ánimam tuam in vitam æternam.

FAites , Seigneur , que nous conservions dans un cœur pur le Sacrement que notre bouche a reçu , & que le don qui nous est fait dans le tems, nous soit un reméde pour l'éternité.

Que votre Corps que j'ai reçu, Seigneur, & que votre Sang que j'ai bu , s'attache à mes entrailles : faites qu'après avoir été nourri par des Sacremens si purs & si saints, il ne demeure en moi aucune souillure du péché : Accordez-moi cette grace , Seigneur, qui vivez , &c.

QUod ore súmpsimus , Dómine , purâ mente capiámus: & de múnere temporáli fiat nobis remédium sempiternum.

Corpus tuum , Dómine , quod sumpsi , & Sanguis quem potávi , adhæreat viscéribus meis ; & præsta ut in me non remáneat scélerum mácula , quem pura & sancta refecérunt Sacramenta ; Qui vivis & regnas , &c.

Après la Postcommunion, le Prêtre dit :

℣. Dóminus vobiscum,

℟. Et cum spíritu tuo.

℣. Le Seigneur soit avec vous,

℟. Et avec votre esprit.

Ensuite il congedie l'Assemblée, en disant :

Ite, Missa est.

℟. Deo grátias.

Allez, la Messe est dite.

℟. Rendons graces à Dieu.

PLáceat tibi, sancta Trínitas, obséquium servitútis meæ, & præsta ut Sacrifícium quod óculis tuæ Majestátis indignus óbtuli, tibi sit acceptábile ; mihíque & ómnibus pro quibus illud óbtuli, sit, te miserante, propitiábile : Per Christum.

Benedicat vos omnípotens Deus, Pater, & Fílius, & Spíritus Sanctus. ℟. Amen.

℣. Dóminus vobiscum,

℟. Et cum spíritu tuo.

REcevez favorablement, ô Trinité sainte, l'hommage & l'aveu de ma parfaite dépendance : daignez agréer le Sacrifice que j'ai offert à votre divine Majesté, tout indigne que j'en suis : faites par votre bonté qu'il m'obtienne miséricorde, & à tous ceux pour qui je l'ai offert : Par J. C.

Que Dieu tout-puissant, le Pere, le Fils, & le Saint-Esprit vous bénisse. ℟. Amen.

℣. Le Seigneur soit avec vous,

℟. Et avec votre esprit.

Commencement du saint Evangile selon S. Jean.

IN princípio erat Verbum, & Verbum erat apud Deum, & Deus erat Verbum. Hoc erat in princípio

AU commencement étoit le Verbe, & le Verbe étoit en Dieu, & le Verbe étoit Dieu. Il étoit dès le commencement en

Dieu. Toutes chofes ont été faites par lui ; & rien de ce qui a été fait, n'a été fait fans lui. Dans lui étoit la vie , & la vie étoit la lumiére des hommes : & la lumiére luit dans les ténébres , & les ténébres ne l'ont point comprife. Il y eut un homme envoyé de Dieu, qui s'appelloit Jean. Il vint pour rendre témoignage à la lumiére , afin que tous cruffent par lui. Il n'étoit pas la lumiére , mais il vint pour rendre témoignage à celui qui eft la lumiére. C'étoit la vraie lumiére qui éclaire tout homme venant en ce monde. Il étoit dans le monde. & le monde a été fait par lui, & le monde ne l'a point connu. Il eft venu chez foi, & les fiens ne l'ont point reçu. Mais il a donné à tous ceux qui l'ont reçu , le pouvoir d'être faits enfans de Dieu, à ceux qui croient en fon nom ; qui ne font point nés du fang, ni des défirs de la chair, ni de la volonté de l'homme, mais de Dieu même. ET LE VERBE S'EST FAIT CHAIR, & il a habité parmi nous, plein de grace & de vérité ; & nous avons vu

apud Deum. Omnia per ipfum facta funt : & fine ipfo factum eft nihil quod factum eft. In ipfo vita erat , & vita erat lux hóminum : & lux in ténebris lucet , & ténebræ eam non comprehendérunt. Fuit homo miffus à Deo , cui nomen erat Joannes. Hic venit in teftimónium , ut teftimónium perhibéret de lúmine ; ut omnes créderent per illum. Non erat ille lux ; fed ut teftimónium perhibéret de lúmine. Erat lux vera quæ illúminat omnem hóminem venientem in hunc mundum. In mundo erat , & mundus per ipfum factus eft ; & mundus eum non cognóvit. In própria venit , & fui eum non recepérunt. Quotquot autem recepérunt eum , dedit eis poteftátem fílios Dei fieri , his qui credunt in nómine ejus ; qui non ex fanguínibus , neque ex voluntate carnis , neque ex voluntáte viri , fed & Deo nati funt. ET VER-

BUM CARO FACTUM EST, & habitávit in nobis, (& vídimus glóriam ejus, glóriam quasi Uunigéniti à Patre) plenum grátiæ & veritátis. ℟. Deo grátias.

fa gloire, qui est la gloire du Fils unique du Pere. ℟. Rendons graces à Dieu.

LE IV. NOVEMBRE,

SAINT CHARLES BORROME'E.

ANNUEL.

AUX I. VESPRES.

[La naiſſance de S. Charles eſt un ſujet de conſo-
lation pour l'Egliſe affligée par les héréſies de Luther & de Calvin. L'enfance du Saint, ſon éducation, ſon entrée dans le Clergé, ſa vocation au
ſacré miniſtére.

Pſeaumes de la Férie.

'Ant. J. Exue te, Jeruſalem, ſtolâ luctûs, & in-
due te decóre & honóre. Salus à Deo ſupervéniet. Baruch.
5. & 4.

Ant. Quittez, ô Jeruſalem, les vêtemens de votre
deuil, & parez-vous de vos habits de gloire & de majeſté : car le Seigneur eſt prêt à vous ſecourir.

A

Ant. Il vous est né un homme qui sera le soutien de la nation sainte, le conducteur de ses freres, le ferme appui de son peuple.

Ant. Lorsqu'il n'étoit encore qu'enfant, il commença à chercher Dieu ; il fut inviolablement attaché au Seigneur, & ne s'écarta jamais de ses voies.

Ant. Il avançoit & croissoit en vertu & en piété ; & vêtu d'une Ephod de lin, il servoit dans le temple du Seigneur.

Ant. Dieu le regardant d'un œil favorable, prit plaisir à l'élever en honneur ; & plusieurs voyant sa prompte élévation, en furent dans l'étonnement.

Ant. 2. A. Natus est homo, firmamentum gentis, rector fratrum, stabilimentum pópuli. Eccli. 49.

Ant. 3. E. Cùm esset puer, cœpit quærere Deum; adhæsit Dómino, & non recessit à vestigiis ejus. 2. Paral. 34. 4. Reg. 18.

Ant. 4. f. Proficiébat atque crescébat, & ministrábat ante fáciem Dómini, accinctus Ephod líneo. 1. Reg. 2.

Ant. 5. C. Oculus Dei respexit illum in bono, & erexit eum, & exaltávit caput ejus ; & miráti sunt in illo multi. Eccli. 11.

CAPITULE. *Act.* 7.

LE Seigneur lui dit: J'ai vu & considéré avec attention l'af-

Videns vidi afflictiónem pópuli mei qui est in

Ægypto, & gémitum eórum audívi, & descendi liberáre eos. Et nunc veni, & mittam te.

fliction de mon peuple qui est dans l'oppression. J'ai entendu leur gémissement, & je suis descendu pour les délivrer. Venez donc maintenant, je vous envoie à eux.

℞. *Suscitábo mihi Sacerdótem fidélem qui juxta cor meum fáciet. * Et ambulábit coram Christo meo † Cunctis diébus. ℣. Erit vas in honórem sanctificátum & útile Dómino, ad omne opus bonum parátum. * Et ambulábit. Glória. † Cunctis diébus.* 1. Reg. 2. 2. Tim. 2.

℞. Je me susciterai un Prêtre fidéle qui agira selon mon cœur : * Il marchera devant mon Christ † Pendant tout le cours de sa vie. ℣. Il sera un vase d'honneur sanctifié, propre au service du Seigneur, & préparé à toutes sortes de bonnes œuvres. * Il marchera. Gloire au Pere. † Dans tous les siécles.

HYMNE.

QUAM *graves cymbam quátiunt procellæ! Sólvitur morum pudor : intumescunt Hæreses : tandem vénias amícum, Cárole sidus.*

DAns quels flots l'Eglise allarmée Voit périr ses antiques mœurs ! Comme un astre, vien, Borromée, Calmer l'orage des erreurs.

A ij.

Il paroît : sa pieuse enfance
Aux démons fait craindre ses jeux :
Et déja bravant leur puissance
Semble forger des fers pour eux.

Biens sacrés qu'un abus vulgaire
Destinoit à la vanité,
Vous serez, dit-il à son pere,
Le secours de la pauvreté.

Désormais nul dans la souffrance
Ne plaindra son sort affligeant ;
L'indigent est dans l'abondance,
Et l'économe est indigent.

La sagesse en lui prévient l'âge :
De la pourpre il est revêtu,
Et la fait briller davantage
Par la splendeur de sa vertu.

Nascitur : crescit tibi, Christe, miles :
Tártari sævas domitúra pestes
Arma jam gaudet puer actuóso
Cúdere ludo.

Non sacros templi réditus profáno
Díssipat luxu : monet ipse patrem.
Défluant illuc, ait, & parenti
Monstrat egénos.

Villicum sese gerit indigentis:
Flere dedíscit sua fata pauper ;
Fitque, mutátâ vice, Borromæo
Páupere, dives.

Mente matúrum júvenem viríli
Púrpuræ vestit nitor : enitentem
Púrpuram vincit, próprioque virtus
Signat honóre.

ULTIMAM Patrum
sacer ordo plagam
Hæresi dudum mini-
tátur : afflat
Cárolus vires : méri-
to ferítur
Fúlmine monstrum.

CHRISTÉ, tu spon-
sæ míserans , de-
disti
Cárolum cleri popu-
líque normam :
Qui suum verè réfe-
rant parentem
Mitte ministros.
Amen.
℣. Inhabitábit in
átriis tuis : ℟. Re-
plébimur in bonis
domûs tuæ. Pf. 64.

Des Prélats le corps
respectable
Par son grand zéle est
excité ;
Et l'erreur , ce monstre
effroyable ,
Reçoit le coup trop mé-
rité.
Dieu Sauveur, qui fis
pour l'exemple
Ce modéle des vrais Pa-
steurs ,
N'en reçois jamais dans
ton temple
Qui ne soient ses imita-
teurs.
Amen.
℣. Seigneur , il habi-
tera dans votre sanctuai-
re : ℟. Et nous serons
remplis des biens de vo-
tre maison.

A Magnificat. Ant. 6. F.

Sicut pastor gre-
gem suum pascet :
in bráchio suo con-
gregábit agnos , &
in sinu suo levábit ;
fœtas ipse portábit.
If. 40.

Il ménera son trou-
peau dans de bons patu-
rages , comme un pa-
steur qui paît ses brebis:
il rassemblera par la
force de son bras les pe-
tits agneaux : il les pren-

dra dans son sein ; il portera lui-même les brebis qui seront pleines.

L'Oraison de la Messe.

Mémoire de saint Marcel.

Ant. Voici le véritable ami de ses freres & du peuple : voici celui qui prie beaucoup pour le peuple & pour toute la ville.

℣. Le Seigneur a glorifié son Christ: ℟. Il l'éxaucera du haut du ciel, qui est son sanctuaire.

Ant. Hic est amátor fratrum & pópuli : hic est qui multùm orat pro pópulo, & universâ civitáte. 2. Mach. 15.

℣. *Salvum fecit Dóminus christum suum :* ℟. *Exáudiet illum de cœlo sancto suo.* Ps. 19.

ORAISON.

DOnnez-nous, Seigneur, à nous qui sommes vos serviteurs, une foi ferme & inviolable, afin que célébrant la mort bienheureuse du saint Pontife Marcel, nous obtenions par ses mérites le bonheur du royaume céleste ; Par notre Seigneur.

D*A nobis, quæsumus, Dómine, fámulis tuis inviolábilem fídei firmitátem ; ut beáti Marcelli Pontíficis tránsitum celebrantes, méritis ipsíus interveniéntibus, regni cœléstis gáudia consequámur ; Per.*

S'il est Samedi, ou Dimanche, on en fera mémoire ; mais on n'en fera point de l'Octave de la Toussaint, ni de saint Clair, excepté

dans les Eglise où cette Fête n'est point de Rit
annuel.

A COMPLIES.

[Saint Charles passoit toutes les nuits en priéres,
pour attirer sur lui & sur son peuple les graces dont
ils avoient besoin.]

Pseaumes de la Férie.

Ant. 2. D. Per to-
tam noctem orábat,
petens auxílium à
Deo Israel ; ut diri-
geret viam ejus ad
liberatiónem pópuli
sui. Judith. 6 & 12.

Ant. Il passoit toute la
nuit en priéres, deman-
dant avec instance au
Dieu d'Israël qu'il vînt
à son secours , & qu'il le
conduisît lui - même
dans la délivrance de
son peuple.

HYMNE.

GRATES , per-
acto jam die,
Deus , tibi persólvi-
mus ;
Pronoque , dum nox
íncipit ,
Prostérnimus vultu
preces.

QUOD longa pec-
cávit dies ,
Amárus éxpiet do-
lor ;
Somno gravátis ne
nova

NOus vous rendons,
Seigneur , nos ac-
tions de graces à la fin
de ce jour : nous nous
prosternons devant vous
& nous vous offrons nos
humbles priéres au com-
mencement de la nuit.

Faites-nous expier par
une vive douleur les fau-
tes sans nombre que
nous avons commises
durant ce jour ; & ne
souffrez pas qu'appesan-

tis par le sommeil, l'en-
nemi nous fasse de nou-
velles blessures.

Comme un lion fu-
rieux, il tourne sans cesse
autour de nous, cher-
chant qui il pourra dé-
vorer: défendez, ô Pere
saint, vos foibles enfans,
en les cachant sous l'om-
bre de vos ailes.

Hélas! quand verrons-
nous briller ce jour que
vous nous promettez,
Seigneur; ce jour qui ne
connoît point de nuit !
quand nous sera-t-il
donné d'habiter cette
heureuse patrie, qui ne
craindra plus d'ennemi !

¶ Gloire au Pere,
gloire au Fils, gloire au
saint Esprit, qui pénétre
de l'onction de sa divinité, ceux qu'il consacre
au ministére des saints
Autels. Amen.

*Instigat hostis vúl-
nera.*

*INFESTUS usque
circuit
Quærens leo quem
dévoret:
Umbrâ sub alárum
tuos
Defende filios, Pa-
ter.
O quando lucescet
tuus
Qui nescit occásum
dies !
O quando sancta se
dabit
Quæ nescit hostem
pátria !*

*¶ SIT laus Patri,
laus Filio
Tibique, sancte Spi-
ritus,
Qui, quos vocas al-
táribus,
Tuo perungis númi-
ne. Amen.*

¶ *Cette Doxologie se dira à toutes les Hymnes de même mesure, pendant toute l'Octave,
à moins qu'il ne soit marqué autrement.*

A Nunc dimittis. *Ant.* 7. *d.*

Deducébant óculi ejus lácrymam per noctem ; quóniam contritióne magná contríta est virgo filia pópuli sui. Jer. 14.

Ses yeux versoient toutes les nuits des ruisseaux de larmes sur les maux dont il voyoit l'Eglise , cette vierge sainte, innondée de toute part.

A L'OFFICE DE LA NUIT.

[L'Episcopat du Saint en général.]

INVITATOIRE. *Jérem.* 3.

Dóminum qui dedit nobis pastórem juxta cor suum, * Veníte, adorémus.

C'est le Seigneur qui nous a donné ce pasteur selon son cœur ; * Venez, adorons-le.

On répéte l'Invitatoire.

PSEAUME 94.

Veníte, exultémus Dómino : jubilémus Deo salutári nostro : præoccupémus fáciem ejus in confessióne, & in psalmis jubilémus ei.

Venez, réjouissons-nous dans le Seigneur : chantons la gloire de Dieu notre Sauveur : présentons - nous devant lui en célébrant ses louanges , & chantons avec joie des cantiques à son honneur.

On répéte Dóminum , *&c.*

Quóniam Deus magnus Dóminus ,

Car le Seigneur est le grand Dieu, & le grand

Roi élevé au-dessus de tous les dieux : le Seigneur ne rejettera pas son peuple : toute l'étendue de la terre est en sa main, & les plus hautes montagnes sont à lui; il en dispose comme il lui plaît.

& Rex magnus super omnes deos : quóniam non repellet Dñus plebem suam, quia in manu ejus sunt omnes fines terræ, & altitúdines móntium ipse cónspicit.

On répéte Dóminum *, &c.*

Il est le maître de la mer, car il l'a faite ; ses mains ont aussi créé la terre : venez , adorons Dieu , & prosternons-nous devant lui : pleurons devant le Seigneur qui nous a faits, car il est le Seigneur notre Dieu : nous sommes son peuple , & les brebis qu'il conduit lui-même à ses pâturages.

Quóniam ipsius est mare, & ipse fecit illud, & áridam fundavérunt manus ejus : veníte , adorémus , & procidámus ante Deum : plorémus coram Dómino qui fecit nos , quia ipse est Dóminus Deus noster ; nos autem pópulus ejus, & oves páscuæ ejus.

On répéte Dóminum *, &c.*

Si vous écoutez aujourd'hui sa voix, n'endurcissez pas vos cœurs, comme il arriva au jour du murmure, qui attira sur vous ma colére dans

Hódie si vocem ejus audiéritis , nolíte obduráre corda vestra , sicut in exacerbatióne , secundùm diem tentatió-

nis in deferto , ubi tentavérunt me patres veftri, probavérunt & vidérunt ópera mea.

le défert , où vos peres me tentérent., où ils éprouvérent ma puiffance , & furent enfuite témoins des miracles que je fis.

On répéte Dóminum , &c.

Quadraginta annis próximus fui generatióni huic , & dixi : Semper hi errant corde ; ipfi verò non cognovérunt vias meas : quibus jurávi in ira mea, fi introíbunt in réquiem meam.

J'ai été proche de ce peuple pendant quarante ans, & j'ai dit : Leur cœur est toujours dans l'égarement ; ils n'ont point connu mes voies : & j'ai juré dans ma colére, qu'ils n'entreront pas dans le lieu de mon repos.

On répéte Dóminum , &c.

Glória Patri , & Fílio , & Spirítui fanǎo: Sicut erat in princípio, & nunc , & femper, & in fécula feculórum. Amen. * Veníte, adorémus.

Gloire au Pere, & au Fils, & au Saint-Efprit, à préfent & toujours, comme dès le commencement, & dans tous les fiécles. Amen. * Venez, adorons-le.

On répéte l'Invitatoire.

HYMNE.

CHRISTE, qui femper grávibus perìclis Deftinas fortes óvi-

SEigneur , dont le troupeau, quand le péril augmente, Toujours de bons paf-

teurs se trouve envi-
ronné,
Par toi, pour secourir
l'Eglise languissante,
Charles nous est donné.

Le Pontife informé de
ses soins salutaires,
Pour le sacré Sénat à
peine en eut fait choix,
Que sur lui sa vertu des
plus grandes affaires
Fait tomber tout le
poids.

Quelle fut sa bonté,
quelle fut sa pru-
dence,
Son équité, sa foi, son
zéle & son ardeur,
Son mépris pour les
biens, & son indiffé-
rence
Pour sa propre gran-
deur !

Ni l'éclat du saint Siége
occupé par sa race,
Ni l'éclat de son sang
n'élévent point son
cœur :
Il frémit à l'aspect de
cette auguste place,
D'une sainte frayeur.

bus magistros ;
Cárolum fracto tuâ
donat orbi
Próvida cura.

Vix in augusti nú-
merum Senátûs
Póntifex summus jú-
venem cooptat,
Credit invito pius
arduárum
Póndera rerum.

Quæ fides, & quæ
pietas gerendis
Rebus illuxit ! Quis
amor tuendi
Juris ! & quàm nil
movet ampla ma-
gnam
Púrpura mentem !

Gente non clarâ,
neque sede Petri
Quæ Pium jactat,
sibi gratulátur :
Sed nimis præceps
timet eminentis
Culmen honóris.

Pastor errantes stábulo redúcit, Et gregi jungit malè separátos : Nulla vis terret: pia vincit omnem Cura laborem.	La brebi qui fuyoit son Pasteur légitime, Est remise par lui dans son premier bercail ; Rien ne peut ralentir le beau feu qui l'anime, Dans un si saint travail.
Quam nitet mo- rum reparátus ordo ! Quæ fides regnat, pietasque terris ! Noctis hinc atræ té- nebris sepúltus Cónditur error.	L'usage des vertus, & les mœurs redressées Reviennent par ses soins embellir l'univers ; Et les noires erreurs vi- vement repoussées Rentrent dans les en- fers.
Trinitas summo veneranda cultu, Fida plebs in te co- lit unitátem ; Qui pari curâ réfe- rant parentem, Unge ministros. Amen.	Trinité souveraine, exauce notre zéle; Et te laissant toucher aux soupirs de nos cœurs, Veuille toujours donner à ton peuple fidéle De semblables pasteurs.

AU I. NOCTURNE.

[Saint Charles travaille avec un zéle infatigable
à la réforme de la ville de Milan.]

Pseaume 8.

Dómine, Dó- minus no- ster, quàm admirábile est no-*	O Dieu, notre sou- verain Seigneur, que votre nom est admirable dans toute

la terre !

Votre gloire & votre magnificence est élevée au-dessus des cieux.

Vous tirez le tribut de louanges qui vous est dû, de la bouche des enfans, & de ceux qui sont à la mammelle, pour confondre vos ennemis, & ceux qui sont animés d'un esprit de vengeance.

Mais quand je considére les cieux qui sont l'ouvrage de vos mains, la lune & les étoiles que vous avez créées ;

Je dis en moi-même : Qu'est-ce que l'homme, pour vous souvenir de lui ? qu'est-ce que le fils de l'homme, pour le visiter ?

Vous l'avez pour un peu de tems rendu inférieur aux Anges ; vous l'avez couronné d'honneur & de gloire, & vous lui avez donné l'empire sur tous les ouvrages de vos mains.

men tuum in universâ terrâ !

*Quóniam eleváta est magnificéntia tua * super cœlos.*

*Ex ore infántium & lacténtium perfecisti laudem propter inimícos tuos ; * ut déstruas inimicum & ultórem.*

*Quóniam vidébo cœlos tuos, ópera digitórum tuórum, * lunam & stellas, quæ tu fundasti.*

*Quid est homo, quòd memor es ejus ? * aut filius hóminis, quóniam vísitas eum ?*

*Minuisti eum páulò minùs ab Angelis, glóriâ & honóre coronasti eum, * & constituisti eum super ópera mánuum tuárum.*

*Omnia subjecísti sub pédibus ejus, * oves & boves univérsas, ínsuper & pécora campi.*

Vous avez tout mis sous ses pieds, les brebis, les bœufs, & même les bêtes sauvages.

*Vólucres cœli, * & pisces maris, qui perámbulant sémitas maris.*

Les oiseaux du ciel, & les poissons de la mer, qui se proménent dans l'étendue de ses eaux.

*Dómine, Dóminus noster, * quàm admirábile est nomen tuum in universa terra!*

O Dieu, notre souverain Seigneur, que votre nom est admirable dans toute la terre!

Ant 1. D. *Zelando zelum Dei, accépit testamentum sacerdótii æterni.*
1. Mach. 2.

Ant. Il a reçu la promesse d'un sacerdoce éternel, en récompense du zéle dont il étoit embrasé pour la loi de son Dieu.

PSEAUME 14.

*Dómine, quis habitábit in tabernáculo tuo? * aut quis requiéscet in monte sancto tuo?*

Qui sera digne, Seigneur, d'habiter dans votre tabernacle, & de se reposer sur votre sainte montagne?

*Qui ingréditur sine mácula, * & operátur justítiam;*

C'est celui qui marche dans l'innocence, & qui pratique la justice;

Qui lóquitur veritátem in corde

Qui dit la vérité selon qu'il l'a dans le cœur, &

qui ne se sert pas de sa langue pour tromper :

C'est celui qui ne fait de tort à personne, & qui ne reçoit pas des discours qui déshonorent le prochain ;

Qui n'a que du mépris pour l'injustice, & qui réserve tout son respect pour ceux qui craignent le Seigneur ;

Qui ne cherche point à éluder le serment qu'il a fait à son prochain ; qui ne prête point son argent à usure, & qui ne reçoit point de présent contre l'innocent.

Quiconque se conduit ainsi, sera affermi pour l'éternité.

Ant. Le Seigneur lui fit entendre sa voix. Vous serez, lui dit-il, le pasteur de mon peuple, & un des conducteurs d'Israël.

*suo, * qui non egit dolum in lingua sua :*

*Nec fecit próximo suo malum, * & oppróbrium non accépit adversùs próximos suos.*

*Ad nihilum deductus est in conspéctu ejus malignus ; * timentes autem Dóminum glorificat.*

*Qui jurat próximo suo, & non décipit ; * qui pecúniam suam non dedit ad usúram, & múnera super innocentem non accépit.*

*Qui facit hæc, * non movébitur in æternum.*

Ant. 6. C. *Dixit Dóminus ad eum : Tu pasces pópulum meum Israel, & tu eris dux super Israel.* 2. Reg. 5.

Pseaume 22.

DOminus regit me , & nihil mihi déerit ; * in loco páscuæ ibi me collocávit.

Super aquam refectiónis educávit me :* ánimam meam convertit.

Deduxit me super sémitas justitiæ , * propter nomen suum.

Nam etsi ambulávero in médio umbræ mortis , non timébo mala ; * quóniam tu mecum es.

Virga tua & báculus tuus, * ipsa me consoláta sunt.

Parásti in conspéctu meo mensam * adversùs eos qui tríbulant me.

Impinguásti in óleo caput meum : * & calix meus iné-

LE Seigneur est mon pasteur, je ne manquerai de rien ; il m'a placé dans d'excellens paturages.

Il me conduit à des eaux calmes & tranquilles : il rend la force à mon ame.

Il me fait marcher dans les sentiers de la justice, pour la gloire de son nom.

Aussi, quand je marcherois à travers les ombres de la mort , je ne craindrois rien ; parce que vous êtes avec moi, ô mon Dieu.

Vôtre houlette & vôtre bâton me rassurent & me consolent.

Vous me préparez une nourriture forte , afin que je résiste aux attaques de mes ennemis.

Vous répandez sur ma tête les parfums les plus exquis ; & vous remplissez ma coupe d'un vin délicieux.

J'ai cette confiance, Seigneur, que votre bonté & votre miséricorde m'accompagneront tous les jours de ma vie ;

Et que j'habiterai éternellement dans la maison du Seigneur.

Ant. Adressant la parole à son peuple, il disoit : Servez le Seigneur de tout votre cœur & dans la vérité. Car si vous persévérez dans votre malice, vous périrez.

℣. Seigneur, mon zéle me fait sécher de douleur ; ℟. Parce que votre peuple a oublié votre loi.

ABSOLUTION.

QUe Dieu ouvre notre cœur à sa loi & à ses préceptes, & qu'il nous donne à tous un cœur docile; afin que nous l'adorions.

℟. Amen.

brians, quàm præclárus est !

Et misericórdia tua subsequétur me* ómnibus diébus vitæ meæ ;

Et ut inhábitem in domo Dñi, * in longitúdinem diérum.

Ant 1. A. Dixit ad pópulum : Servíte Dómino in omni corde vestro : servíte ei in veritáte. Quod si perseveravéritis in malítiâ, períbitis. 1. Reg. 12.

℣. Tabéscere me fecit zelus meus, Dómine ; ℟. Quia oblíti sunt verba tua. Pf. 118.

2. Mach. 1.

ADapériat Deus cor nostrum in lege sua, & in præceptis suis ; & det nobis cor ómnibus, ut colámus eum.

℟. Amen.

BENEDICTION. *Ephes.* I.

Deus Dómini no-	Que le Dieu de gloire,
stri Jesu Christi, Pa-	Pere de notre Seigneur
ter glóriæ, det nobis	Jesus-Christ, nous donne
spíritum sapiéntiæ.	l'esprit de sagesse & d'in-
℟. *Amen.*	telligence. ℟. Amen.

Deus Dómini nostri Jesu Christi, Pater glóriæ, det nobis spíritum sapiéntiæ. ℟. *Amen.*

Que le Dieu de gloire, Pere de notre Seigneur Jesus-Christ, nous donne l'esprit de sagesse & d'intelligence. ℟. Amen.

De Ezechiéle Prophétâ.

Lecture du Prophéte Ezéchiel.

LEÇON j. *Chap.* 34.

F *Actum est verbum Dómini ad me, dicens: Fili hóminis, prophéta de pastóribus Israel. Hæc dicit Dóminus Deus: Væ pastóribus Israel, qui pascébant semetipsos. Nonne greges à pastóribus pascuntur? Lac comedebátis, & lanis operiebámini, & quod crassum erat occidebátis; gregem autem meum non pascebátis. Quod infirmum fuit, non consolidastis; & quod ægrótum, non sanastis: quod confractum est,*

LE Seigneur me parla & me dit: Fils de l'homme, prophétisez touchant les pasteurs d'Israël. Voici ce que dit le Seigneur notre Dieu: Malheur aux pasteurs d'Israël, qui se paissent eux-mêmes. Les pasteurs ne paissent-ils pas leurs troupeaux? Et cependant vous mangiez le lait de mon troupeau, & vous vous couvriez de sa laine: vous preniez les brebis les plus grasses pour les tuer; & vous ne vous mettiez pas en peine de paître mon troupeau. Vous n'avez pas travaillé à fortifier celles qui étoient foibles , ni à panser & guérir celles qui étoient malades ; vous n'avez point bandé les plaies de celles qui étoient bleffées; vous n'avez point relevé celles qui étoient tombées ; & vous n'avez point cherché celles qui s'étoient perdues: mais vous vous contentiez de les dominer avec une rigueur févére & pleine d'empire. Ainfi mes brebis ont été

non alligaftis ; & quod abjectum eft , non reduxiftis ; & quod perlerat , non quæfitis: fed cum aufteritáte imperabátis eis, & cum poténtiá. Et difperfæ funt oves meæ , eò quòd non effet paftor : & factæ funt in devoratiónem ómnium beftiárum agri & difperfæ funt. Tu autẽ.

difperfées , parce qu'elles n'avoient point de pafteurs : elles ont été difperfées en divers lieux, & elles font devenues la proie de toutes les bêtes fauvages. Et vous, Seigneur, &c.

℟. C'eft le Seigneur qui m'a envoyé à cette ville pour lui parler de fa part. *Redreffez donc vos voies, rendez pures les affections de votre cœur, & † Le Seigneur ne vous châtiera point , comme il étoit réfolu de le faire. ℣. La coignée eft déja à la racine des arbres : faites de dignes

℟. *Dóminus mifit me ut prophetárem ad civitátem hanc. Nunc ergo * Bonas fácite vias veftras , & ftúdia veftra: & † Pœnitébit Dñum mali quod locútus eft adversùm vos. ℣. Jam fecúris ad radicem árborum pófita eft: fácite ergo*

fructus `dignos pœ-
niténtiæ : * Bonas.
Glória.† Pœnitébit.
Jerem. 26. Luc. 3.

fruits de pénitence.
* Redreffez donc vos
voies. Gloire au Pere.
† Le Seigneur.

[Dans les Eglifes où cette Fête n'eft que
Grand-Solemnel, on ne dit point Glória Patri-
au j. & au ij. ℟. de chaque Nocturne, mais
feulement au iij. & on ne répéte pas le ℟.

Bened. Fílius Dei
det nobis fenfum ; ut
cognofcámus verum
Deum. ℟. Amen.
1. S. Jean, 5.

Bénéd. Que le Fils de
Dieu nous donne l'in-
telligence, afin que nous
connoiffions le vrai
Dieu. ℟. Amen.

Leçon ij.

ERravérunt gre-
ges mei in cun-
ctis móntibus, & in
univerfo colle excel-
fo ; & fuper omnem
fáciem terræ difperfi
funt greges mei, &
non erat qui requí-
reret ; non erat, in-
quam, qui requíre-
ret. Proptérea, pa-
ftóres, audíte ver-
bum Dómini. Vivo
ego, dicit Dóminus
Deus ; quia pro eo
quod facti funt gre-

MEs troupeaux ont
erré par-tout fur
les montagnes, & fur
toutes les collines éle-
vées. Mes troupeaux ont
été difperfés fur toute
la face de la terre, fans
qu'il y eût perfonne pour
les aller chercher, fans,
dis-je, qu'il y eût per-
fonne qui fe mît en pei-
ne de les chercher. C'eft
pourquoi, ô pafteurs,
écoutez la parole du Sei-
gneur : Je jure par moi-
même, dit le Seigneur

notre Dieu , parce que mes troupeaux ont été livrés en proie , & que mes brebis ont été expo-sées à être dévorées par les bêtes sauvages, com-me n'ayant point de pa-steur ; puisque mes pa-steurs n'ont point cher-ché mes troupeaux , mais qu'ils n'ont eu soin que de se paître eux-mê-mes , sans se mettre en peine de paître mes troupeaux ; vous, dis-je, ô pasteurs , écoutez la parole du Seigneur. Voi-ci ce que dit le Seigneur notre Dieu : Je viens moi-même à ces pa-steurs ; j'irai chercher mon troupeau , & je le reprendrai d'entre leurs mains.

℞. Plusieurs de ceux qui l'écoutoient & qui cherchoient sincéremēt la justice , * & tous ceux qui craignoiēt les maux dont ils étoient menacés se joignirent à lui , & † Ils servirent beaucoup à augmenter son courage.

ges mei in rapínam , & oves meæ in di-reptiónem ómnium bestiárum agri , eò quòd non esset pastor. Neque enim quæsié-runt pastóres mei gre-gem meum ; sed pas-cébant pastóres semet-ipsos, & greges meos non pascébant. Prop-térea, pastóres , audí-te verbum Dómini. Hæc dicit Dóminus Deus : Ecce ego ipse super pastóres requí-ram gregem meum de manu eórum. Tu autem , &c.

*℞. Multi quæren-tes justítiam , * Et omnes qui fugiébant à malis , áddíti sunt ad eum ; & † Facti sunt illi ad firma-mentum. ℣. Auxílio Dei adjútus stetit , testíficans minóri at-*

atque majóri ; nihil extrà dicens quàm ea quæ Prophétæ locúti sunt. Et omnes. Glória. † *Fácti sunt illi ad firmamentum.* 1. Mac. 2. Act. 26.

Bened. *Spíritus veritátis dóceat nos omnem veritátem.* ℞. *Amen.* S. Jean, 16.

℣. Soutenu par le secours de Dieu, il parloit avec hardiesse aux grands & aux petits, ne disant toutefois que ce que les Prophétes avoient dit avant lui. * Et. Gloire. † Ils.

Bénéd. Que l'Esprit de vérité nous enseigne toute vérité.

℞. Amen.

Leçon iij.

HÆc dicit Dóminus Deus ad vos : *Ecce ego ipsé júdico inter pecus pingue, & macilentum. Pro eo quod latéribus & húmeris impingebátis, & córnibus vestris ventilabátis ómnia infirma pécora, donec dispergerentur foràs : salvabo gregem meum : Et non erit ultrà in rapinam : & judicábo inter pecus & pecus. Et suscitábo*

VOici ce que dit le Seigneur notre Dieu : Je viens moi-même discerner entre les brebis grasses, & les brebis maigres ; parce que vous heurtiez de l'épaule, & vous choquiez de vos cornes toutes les brebis maigres, jusqu'à ce que vous les eussiez dispersées & chassées dehors : mais je sauverai mon troupeau. Il ne sera plus exposé en proie ; & je jugerai entre les brebis & les brebis. Je susciterai sur elles le pasteur unique pour les paître, David mon serviteur. Lui-même aura soin de les paître, & il leur tiendra lui-même lieu de pasteur. Mais moi qui suis le Seigneur, je serai leur Dieu, & mon serviteur David sera au milieu d'elles comme leur prince. C'est moi qui suis le Seigneur qui ai parlé.

℟. Il procura le salut de son peuple : il fut la gloire de Jacob par ses grandes actions ; * Il poursuivit avec ardeur les méchans, & † Il rassembla avec bonté ceux qui étoient sur le point de périr. ℣. Etant très-capable d'exhorter & d'instruire selon la saine doctrine, & de convaincre ceux qui s'y opposoient. * Il poursuivit. Gloire au Pere. † Il rassembla.

super eas pastórem unum , qui pascat eas , servum meum David. Ipse pascet eas , & ipse erit eis in pastórem. Ego autem Dóminus ero eis in Déum ; & servus meus David princeps in médio eórum. Ego Dóminus locútus sum. Tu autem , &c.

℟. *Diréctus est salus in manu ejus : lætificábat Iacob in opéribus suis : * Persecútus est iníquos , & † Congregávit pereuntes.* ℣. *Potens exhortári in doctrinâ sanâ, & eos qui contradícunt , argúere , * Persecútus est. Glória Patri.* † *Congregávit.* 1. Mach. 3. Tit. 1.

[*On répéte le* ℟. *jusqu'au* ℣.]

AU

AU II. NOCTURNE.

(Saint Charles s'applique à la réforme du Clergé : il répare & bâtit des Eglifes : rétablit la defcen-
ce des Offices divins.)

PSEAUME 25.

JUdica me, Dó-
mine, quóniam
ego in innocén-
tia mea ingreſſus
ſum ; * & in Dómi-
no ſperans, non in-
firmábor.

Proba me, Dómi-
ne, & tenta me : *
ure renes meos &
cor meum.

Quóniam miſe-
ricórdia tua ante
óculos meos eſt , * &
complácui in veri-
táte tuâ.

Non ſedi cum con-
cílio vanitátis, * &
cum iníqua gerénti-
bus non introíbo.

Odívi Eccléſiam
malignántium; * &

SOyez mon juge ,
Seigneur ; parce
que je marche
dans l'innocence : tant
que je mettrai ma con-
fiance en Dieu , je ne ſerai point ébranlé.

Sondez - moi , Sei-
gneur, & examinez ce
que je ſuis ; éprouvez
par le feu mes reins &
mon cœur.

Car votre miſéricorde
m'eſt toujours préſente ,
& je trouve ma joie dans
votre vérité.

Je ne me ſuis point
aſſis dans l'aſſemblée des
menteurs, & je n'ai point
eu de liaiſon avec ceux
qui commettent l'ini-
quité.

Je hai l'aſſemblée des
méchans, & je ne pren-

B

drai point place parmi les impies.

Je laverai mes mains avec les justes, & je m'approcherai de votre autel, Seigneur ;

Afin d'entendre publier vos louanges, & de raconter moi-même toutes vos merveilles.

J'aime la beauté de votre maison, Seigneur, & le lieu où réside votre gloire.

O Dieu, ne me confondez pas avec les impies, & ne me traitez pas comme les homicides.

Leurs mains sont accoutumées à l'injustice, & ils se laissent séduire par les présens.

Pour moi, j'ai marché dans l'innocence : rachetez-moi donc, Seigneur, & prenez pitié de moi.

Mes pieds se sont arrê-

cum ímpiis non sedébo.

*Lavábo inter innocéntes manus meas, * & circúmdabo altáre tuum, Dómine ;*

*Ut áudiam vocem laudis, * & enárrem univérsa mirabília tua.*

*Dómine, diléxi decórem domûs tuæ, * & locum habitatiónis glóriæ tuæ.*

*Ne perdas cum ímpiis, Deus, ánimam meam, * & cum viris sánguinum vitam meam ;*

*In quorum mánibus iniquitátes sunt : * déxtera eórum repléta est munéribus.*

*Ego autem in innocéntia mea ingréssus sum : * rédime me, & miserére meî.*

Pes meus stetit in

diréło : * *in Ecclé-siis benedícam te, Dómine.*

tés dans la voie de la justice : je vous bénirai, Seigneur, dans l'assemblée des fidéles.

Ant. 4. A. *Vidit sanctificatiónem desertam, & altáre profanátum ; dixit : Ascendámus mundáre sancta, & renováre.* 1. Mac. 4.

Ant. Voyant les lieux saints déserts, & les autels profanés, il dit à ceux qui l'environnoient : Allons purifier & renouveller le temple du Seigneur.

PSEAUME 42.

JUdica me, Deus, & díscerne cau-sam meam de gente non sancta : * ab hómine iníquo & dolóso érue me.

SOyez mon juge, Seigneur, & prenez ma défense contre les impies : délivrez - moi de l'homme injuste & trompeur.

Quia tu es, Deus, fortitúdo mea : * *quare me dereliquísti ? & quare tristis incédo, dum affligit me inimicus ?*

Car vous êtes mon Dieu ; vous êtes ma force : pourquoi vous éloignez-vous de moi? pourquoi me laissez - vous dans le deuil & la tristesse sous l'oppression de mes ennemis ?

Emitte lucem tuă & veritátem tuam : * *ipsa me deduxé-runt & adduxérunt in montem sanctum*

Faites briller sur moi votre lumiére & votre vérité : qu'elles me conduisent sur votre montagne sainte, & qu'elles me fassent entrer dans votre sanctuaire.

Je m'approcherai de l'autel de Dieu, du Dieu qui remplit mon ame d'une joie toujours nouvelle.

Je chanterai vos louanges sur la harpe, mon Seigneur & mon Dieu. O mon ame, pourquoi donc êtes-vous triste, & pourquoi me troublez-vous ?

Espérez en Dieu, car je lui rendrai encore des actions de graces : il est mon Sauveur, il est mon Dieu.

Ant. Il choisit des Prêtres exemts de toute tache, & religieux observateurs de la loi de Dieu ; & ils purifiérent le sanctuaire.

tuum, & in tabernácula tua.

*Et introibo ad altáre Dei, * ad Deum qui lætificat juventútem meam.*

Confitébor tibi in cithará, Deus, Deus meus: Quare tristis es, ánima mea ? & quare conturbas me ?*

*Spera in Deo; quóniam adhuc confitébor illi : * salutáre vultûs mei, & Deus meus.*

Ant. 7. d. Elégit Sacerdótes sine mácula voluntátem habéntes in lege Dei sui ; & mundavérunt sancta. 1. Mac. 4.

PSEAUME 64.

C'Est dans Sion qu'il convient de vous louer, ô mon Dieu; c'est à Jerusalem qu'il faut

T E decet hymnus, Deus, in Sion; * & tibi reddétur votum in Jerúsalem.

*Exáudi oratiónem meam : * ad te omnis caro véniet.*

vous offrir des vœux.

Vous y exaucez les priéres ; & tous les hommes de la terre viendront vous vous y adorer.

*Verba iniquórum prævaluérunt super nos ; * & impietátibus noſtris tu propitiáberis.*

Nous ſommes accablés de la multitude de nos péchés ; mais vous nous pardonnerez nos offenſes.

*Beátus quem elegiſti & aſſumpſiſti : * inhabitábit in átriis tuis.*

Heureux celui que vous choiſiſſez & que vous prenez à votre ſervice : il habitera dans votre ſaint temple.

*Replébimur in bonis domûs tuæ : * ſanctum eſt templum tuum, mirábile in æquitáte.*

Nous ſerons raſſaſiés des biens de votre maiſon : votre temple eſt ſaint ; c'eſt le ſéjour de l'équité.

*Exáudi nos, Deus ſalutáris noſter ; * ſpes ómnium fínium terræ, & in mari longè.*

Exaucez-nous, ô Dieu notre Sauveur, vous qui êtes l'eſpérance des extrémités les plus reculées de la terre & de la mer.

*Præparans montes in virtúte tua, accinctus poténtiâ : * qui conturbas profundum maris, ſo-*

C'eſt par votre puiſſance que les montagnes ont été affermies : vous êtes armé de force : vous ſoulevez la mer juſques dans ses plus profonds abimes : vous en agitez les flots avec un bruit effroyable.

Vos merveilles & vos prodiges répandent l'étonnement & la crainte parmi les nations les plus reculées : l'orient & l'occident publient votre puissance & vos bontés.

Vous visitez la terre, & vous la nourrissez de vos pluies abondantes : vous la comblez de vos dons.

Vous remplissez d'eau les ruisseaux & les fleuves ; & vous préparez la terre, afin qu'elle fournisse à ses habitans de quoi les nourrir.

Vous abreuvez ses sillons ; vous multipliez tout ce qu'elle enferme dans son sein : & elle a la joie de voir pousser ses fruits.

Vous répandez vos bénédictions sur tout le cours de l'année, & les

num fluctuum ejus.

*Turbabuntur gentes, & timébunt qui habitant términos, à signis tuis : * éxitus matutíni & véspere delectábis.*

*Visitásti terram, & inebriásti eam : * multiplicásti locupletáre eam.*

*Flumen Dei replétum est aquis ; * parásti cibum illórum, quóniam ita est præparátio ejus.*

*Rivos ejus inébria, multiplica genímina ejus : * in stillicídiis ejus lætábitur gérminans.*

*Benedíces corónæ anni benignitátis tuæ ; * & campi tui*

replebúntur ubertáte.

Pinguéscent speciósa desérti, * & exultatióne colles accingéntur.

Indúti sunt aríetes óvium, & valles abundábunt fruménto: * clamábunt, étenim hymnum dícent.

Ant. 8. G. Stare fecit cantóres contra altáre: dedit in celebratiónibus decus, & ornávit témpora usque ad consummatiónem vitæ; ut laudárem nomen sanctum Dñi. Eccli. 47.

℣. Dómine, diléxi decórem domûs tuæ, ℟. Et locum habitatiónis glóriæ tuæ. Ps. 25.

plaines sont remplies de vos biens.

Les deserts deviennent gras & fertiles, & les côteaux tressaillent de joie.

Les troupeaux se multiplient dans les plaines, les vallées sont couvertes de froment; & l'on n'entend par-tout que des cris de joie & des chants d'allégresse.

Ant. Il établit des chantres pour être toujours devant l'autel, & rendit ainsi les fêtes plus solemnelles: il augmentoit par sa présence la célébrité des saints jours; afin que tout Israël louât le saint nom de Dieu.

℣. Seigneur, j'ai aimé la beauté de votre maison, ℟. Et le lieu où réside votre gloire.

ABSOLUTION. 3. *Reg.* 8.

DEus noster inclínet corda nostra ad se; ut cu-

QUe notre Dieu incline nos cœurs vers lui; afin que nous

gardions ses commandemens. ℟. Amen.

Bénéd. Que Dieu éclaire les yeux de notre cœur ; afin que nous sachions quelle est l'espérance à laquelle il appelle les Saints.
℟. Amen.

LEÇON

CHarles, fils de Gilbert Borromée & de Marguerite de Medicis, naquit à Milan en l'année mil cinq cent trentehuit. Engagé dans la Cléricature dès sa plus tendre jeunesse, & pourvu de bénéfices, son premier soin fut d'avertir son pere de ne point se servir des revenus de l'Eglise pour augmenter les biens de sa maison : & lorsqu'il commença à en administrer lui-même les revenus, il en donna avec une exactitude scrupuleuse tout le superflu aux pauvres. Il

stodiámus mandáta ejus. ℟. Amen.

Bened. *Deus det nobis illuminátos óculos cordis ; ut sciámus quæ sit spes vocatiónis ejus in Sanctis.* ℟. *Amen.* Ephes. 1.

iv.

CArolus, *Mediolái, Gilberto Borromæo, & Margaréta Medicæá natus est, anno millésimo quingentésimo trigésimo octávo. A púero clericáli militiæ adscriptus, patrem mónuit ne réditus Ecclesiásticos, quibus potiebátur, in rem familiárem convérteret : quorum ipse nactus administratiónem, quidquid supérerat, expendébat in páuperes. Adolescens liberálibus disciplinis*

Papiæ óperam dedit. Vigésimum tértium ætátis agens annum, à Pio quarto avúnculo suo in sacrum Cardinálium Collégium cooptátus, commissa sibi gravíssima Ecclésiæ negótia summá fide ac religióne administrávit. Mediolanensis deinde Archiepíscopus creátus, plúrimam óperam adhíbuit, ut secundùm Tridentínum Concílium, quod ejus potíssimùm sollicitúdine jam tum fúerat felíciter absolútum, Ecclésiam sibi commíssam compóneret. Atque ut Ecclesiásticam disciplínam restitúeret, multas tum Diœcesánas, tum Provinciáles Synodos coégit. E Diœcési discéssit num-

alla à Pavie pour étudier les lettres humaines. A peine eut-il atteint l'âge de vingt-trois ans, que Pie quatre, son oncle, l'éleva à la dignité de Cardinal, & lui confia les plus importantes affaires de l'Eglise, qu'il géra avec une fidelle & religieuse application. Créé Archevêque de Milan, il fit de fortes instances auprès de son oncle pour obtenir la permission d'aller gouverner lui - même son Eglise, voulant se conformer en tout aux décrets du saint Concile de Trente, qui venoit d'être heureusement terminé par ses soins. Arrivé dans son Diocèse, il y assembla plusieurs Synodes, & plusieurs Conciles provinciaux, pour le rétablissement de la discipline Ecclésiastique. On ne le vit jamais sortir de son Dio-

céfe , qu'il n'y fût con- *quam nifi coactus ,*
traint & forcé par de *aut concedente Apo-*
preffans befoins ; & a- *ftólicâ Sede, aut fe-*
lors il ne le faifoit qu'a- *niôre Provinciæ E-*
près en avoir obtenu la *pifcopo approbante.*
permiffion du fouverain *In profligandis hæ-*
Pontife , ou du moins *réticis é pártibus*
l'agrément du plus an- *Rhætórum & Hel-*
cien Evêque de la Pro- *vetiórum , quorum*
vince. Il travailla avec *plúrimos ad fidem*
zéle à combattre les hé- *convertit , máximè*
rétiques qui infectoient *laborávit. In ómni-*
du poifon de leurs er- *bus Diœcéfis fuæ*
reurs le pays des Grifons *óppidis ac vicis, do-*
& des Suiffes , & en ra- *étrinæ   chriftiánæ*
mena plufieurs à la foi. *fodalitátes inftituit ;*
Ardent à procurer par *ut fidei rudimenta*
toutes fortes de moyens *rudes edocerentur.*
l'inftruction des peuples

qui lui étoient confiés, il rétablit dans toutes
les villes & les villages de fon Diocèfe de pieu-
fes fociétés & écoles de la doctrine chrétienne , pour apprendre aux pauvres & aux igno-
rans les principes de la foi , & les élémens
de la Religion chrétienne.

℟. Voyant les maux *℟. Vidit mala in*
de Jerufalem, * Il en fut *Jerúfalem, & * Dó-*
fenfiblement affligé ; & *luit ; & † Zelá-*
† Tout brûlant du zéle *tus eft legem , &*
de la loi, il s'écria : Que *exclamávit : Om-*
celui qui a encore quel- *nis qui zelum habet*

legis, *státuens te-staméntum*, *éxeat post me.* ℣. *Quia discésserant quidam à fide*, *attendéntes spirítibus erróris & doctrínis dæmonió-rum*, *in hypócrisi loquéntium mendá-cium*, * *Dóluit. Glória.* † *Zelátus est.* 1. Mach. 2. 1. Tim. 4.

Bened. *Dignos nos fáciat in partem sor-tis Sanctórum*, *qui erípuit nos de pote-state tenebrárum.* ℞. *Amen.* Colof. 1.

que amour pour la reli-gion, & veut demeurer ferme dans l'alliance du Seigneur, vienne & me suive. ℣. Plusieurs ayant abandonné la foi, pour se livrer à des esprits d'erreur, & suivre des doctrines diaboliques, enseignées par des im-posteurs pleins d'hypo-crisie, * Il en fut. Gloire. † Tout brûlant.

Bénéd. Que celui qui nous a arrachés de la puissance des ténébres, nous rende dignes d'a-voir part à l'héritage des Saints. ℞. Amen.

L E Ç O N   V.

E Jus cáritas tum præcípuè eni-tuit ; cùm, Uritáno principátu véndito, *prétium univérsum ad quadragínta au-reórum míllia uno die in páuperes ero-gávit : nec minóri pietáte vigínti míl-lia, quæ sibi fúerant*

IL donna des preuves éclatantes de sa cha-rité envers les pauvres ; lorsqu'ayant vendu sa principauté d'Oria, il leur en distribua en un seul jour tout le prix, qui montoit à quarante mille écus d'or. Il fit le même usage d'une som-me de vingt mille écus dont il venoit d'hériter. Son détachement alla plus loin : il se démit de tous les bénéfices, charges & dignités dont son oncle l'avoit comblé. Lorsque la peste ravagea Milan, pour se mettre en état de nourrir les pauvres, il vendit tous ses meubles, jusqu'à son propre lit, ne couchant plus depuis que sur un ais. Il passoit les jours & les nuits à visiter les pestiférés de la ville & du Diocèse ; fournissant à tous abondamment les secours temporels & spirituels dont ils avoient besoin ; mais rien ne consoloit davantage ces malades, que de recevoir de sa main les derniers Sacremens. Sa tendresse & sa compassion pour les orphelins étoit si grande, qu'il ne craignit pas de retirer de ses propres mains un de ces enfans de la mammelle de

legáta, distríbuit. Ecclesiásticos proventus, dignitátes & múnera, quibus ab avúnculo copiósè fúerat cumulátus, dimísit. Quo témpore pestis Mediólani grassabátur, domésticam suppelléctilem, ne sibi quidem servato léctulo, in páuperes alendos cóntulit, super nudâ deinceps tábulâ decumbens : eoque morbo laborántes, non in civitáte modò, sed & in réliqua Diœcési, diù noctúque invisébat, spirituália eis & temporália, ipsa verò potíssimùm Ecclésiæ sacraménta própriis mánibus administrans, mirum in modum solabátur. De aléndis præcípuè órphanis ádeò sollícitus, ut ex eis unum ex ubéribus mórtuæ matris pendentem suis ipse mánibus erípere véritus non sit. Humíllimis ínterim précibus reconciliátor accédens, públicâ supplicatióne indíctâ, fune sibi ad collum alligáto, nudis pedibus étiam ex offendículo cruentátis crucē bájulans, semetipsum pro peccátis pópuli hóstiam ófferens, divínam indignatiónem avértere satagébat. Ecclesiásticæ libertátis acérrimus propugnátor fuit. Disciplínæ reguláris inter Mónachos instaurandæ intentus, cum ex more aliquando in priváto Oratório véspere cum família oráret, a perditíssimo Mónacho è congregatióne Humiliatórum, sclopo per-

sa mere, qui étoit morte de la peste. Pour faire cesser ce terrible fléau, il eut recours à de ferventes & humbles priéres. Il indiqua des processions, où on le vit marcher comme un criminel, la corde au col, portant une croix, les pieds nuds & tout ensanglantés, s'offrant à Dieu comme une victime d'expiation pour les péchés de son peuple. C'est ainsi qu'il travailloit efficacement à appaiser la colére de Dieu. Il soutint les droits & les libertés de l'Eglise avec une fermeté & un courage invincible. Lorsqu'il travailloit à rétablir parmi les Religieux une exacte régularité, un Moine pervers, de l'ordre des Humiliés, lui tira un coup d'arquebuse dans le tems qu'il faisoit selon sa coutume la priére du soir avec toute sa maison. Mais par la protection

de Dieu, il n'en reçut
aucune atteinte.

℟. Telle est la loi du
Sacerdoce, dit-il à tout
Israël : Quiconque sera
souillé de quelque ta-
che, * N'offrira point à
son Dieu les pains sacrés,
n'entrera point dans le
Sanctuaire, & ne se pré-
sentera point † Devant
le saint Autel. ℣. Celui
qui aura tenu pour une
chose vile & profane le
sang de l'alliance par lequel il avoit été sanctifié,
& qui aura fait outrage à
l'Esprit de grace, * N'offrira. Gloire. † Devant.

Bénéd. Ouvrons les
yeux à la lumiére, & sor-
tons des ténébres, afin
d'avoir part à l'héritage
des Saints. *Act.* 26.
℟. Amen.

cussus, divinâ vir-
túte servátus est. Tu
autem, &c.

℟. *Locútus est ad
omnem Israel : Om-
nis qui habúerit má-
culam, * Non ófferet
panes Deo suo ; in-
trà velum non ingre-
diétur : nec accédet
† Ad altáre ejus.
℣. Qui sánguinem
testamenti pollútum
dúxerit, il quo sancti-
ficátus est, & Spiri-
tui grátiæ contumé-
liam fécerit, * Non
ófferet. Glória. † Ad.*
Levitic. 21. Hebr.
10.

Bened. *Aperian-
tur óculi nostri, ut
convertámur à téne-
bris ad lucem, & ac-
cipiámus sortem in-
ter sanctos.* ℟. *Amen.*

LEÇON vj.

IL se livra à la plus
austére pénitence,
domptant son corps par
les disciplines, le cilice,

VItam duxit as-
pérrimam, cor-
pus domans flagel-
lis, cilicio, vigíliis

ac jejúniis, pane tan-
tùm & aquâ , solis
quandóque lupínis
contentus. Oratió-
nem ac verbi divíni
prædicatiónem, gra-
víssimis licet curis
occupátus, nunquã
intermísit. Multas
Ecclésias, Monasté-
ria , Seminária ,
Collégia ædificávit.
Plura scripsit , ad
Episcopórum præ-
sertim institutió-
nem utilíssima; ejus-
que óperâ Parochó-
rum Catechísmus
pródiit. Demum in
solitúdinem Varalli
montis , ubi sculptæ
imágines Domínicæ
Passiónis mystéria
éxprimunt, secéssit:
ibíque diébus áli-
quot voluntáriâ ca-
stigatióne , duram,
sed suávem ex Chri-
sti dolórum medita-
tióne vitam agens ,
in febrem íncidit.

les jeûnes & des veilles
continuelles , se conten-
tant pour toute nourri-
ture de pain & d'eau ,
quelquefois même ne
mangeant que des pois
amers. Ses grandes oc-
cupations n'interrom-
pirent jamais le cours
ordinaire de ses priéres
& de ses prédications.
Combien d'Eglises ne
lui vit-on pas bâtir ou
réédifier, fonder de Mo-
nastéres , de Séminaires
& de Colléges? Il a beau-
coup écrit, sur-tout pour
l'instruction des Evê-
ques ; & ce fut par ses
soins que parut le Caté-
chisme des Curés. Enfin
il se retira au mont Va-
ral , où plusieurs ouvra-
ges de sculpture , d'un
travail admirable, repré-
sentent au naturel les
mystéres de la Passion
du Sauveur. Là , après
avoir mené plusieurs
jours une vie dure & pé-
nible à la nature , par les

mortifications volontai-res dont il châtioit son corps, mais que le tendre souvenir de la méditation continuelle des souffrances du Fils de Dieu lui rendoit douce & aimable, il fut attaqué de la fiévre. S'étant aussi-tôt fait transporter à Milan, & le mal augmentant toujours, alors couché sur la cendre, couvert d'un cilice, les yeux fixement attachés à l'image de Jesus crucifié, il passa de la terre

Mediolánum rever-sus, ingravescente morbo, cinere ac ci-lício coopertus, ócu-lis in Crucifixi imá-ginem defixis, mi-grávit in cœlum, anno ætátis quadra-gésimo sexto, Christi millésimoquingente-simo octogésimoquar-to. Quem miráculis conspícuum Paulus quintus in Sanctórū númerum rétulit. Tu autem, &c.

a u ciel dans la quarante-sixiéme année de son âge, de Jesus-Christ l'an mil cinq cent quatre-vingt-quatre. Les miracles qui s'opérérent à son tombeau, engagérent le Pape Paul V. à le mettre au nombre des Saints, & à le canoniser.

℞. Il voulut que les chantres qu'il avoit établis pour louer le Seignr, ne faisant tous qu'un cœur, chantassent & répétassent sans cesse ce cantique : * Louez le Seigneur, † Parce que sa

℞. *Státuit cantó-res Dómini, ut lau-dárent eum, ac voce cónsoná dícerent : * Confitémini Dómi-no, † Quóniam in æternum misericór-dia ejus. ℣. In psal-*

mis, hymnis & cánticis spirituálibus cantántes & psalléntes : * Confitémini Dómino. Glória. † Quóniam in ætérnum. 2. Paral. 20. Ephes. 5.

miséricorde est éternelle. ℣. Ils s'entretenoient de pseaumes, d'hymnes & de cantiques spirituels, chantant & psalmodiant sans cesse : * Louez. Gloire. † Parce que.

[*On répéte le* ℟. *jusqu'au* ℣.]

AU III. NOCTURNE.

[Saint Charles visite son Diocèse. Fruit de ses visites. Il est persécuté & accusé devant le Roi d'Espagne : on attente à sa vie : quelles étoient alors ses dispositions.]

PSEAUME 79.

Qui regis Israël, intende ; * qui dedúcis, velut ovem, Joseph.

Souverain Pasteur d'Israël, qui conduisez Joseph comme votre cher troupeau, écoutez nos priéres.

Qui sedes super Chérubim, * manifestáre coram Ephraim, Bénjamin & Manasse.

Vous qui êtes assis sur les Chérubins, faites éclater votre gloire devant Ephraïm, Benjamin & Manassé.

Excita poténtiam tuam ; * & veni, ut salvos fácias nos.

Signalez votre puissance, & venez nous sauver.

Faites-nous retourner à vous, faites luire sur nous votre lumiére, ô mon Dieu ; & nous serons sauvés.

Seigneur, Dieu des armées, jusqu'à quand rejetterez-vous dans votre colere la priére de votre serviteur ?

Jusqu'à quand nous ferez-vous manger le pain de nos larmes ? Jusqu'à quand nous rassasierez-vous de l'eau de nos pleurs.

Vous nous avez mis en butte à nos voisins : nos ennemis nous insultent & nous outragent.

Dieu des armées, faites-nous retourner à vous, faites luire sur nous votre lumiére ; & nous serons sauvés.

Vous avez transporté votre vigne de l'Egypte : vous avez chassé les nations, & vous l'avez plantée dans leurs terres.

*Deus, converte nos, & ostende fáciem tuam ; * & salvi érimus.*

*Dómine, Deus virtútum, * quousque irascéris super oratiónem servi tui ?*

*Cibábis nos pane lacrymárum, * & potum dabis nobis in lácrymis, in mensúra ?*

*Posuisti nos in contradictiónem vicinis nostris ; * & inimíci nostri subsannavérunt nos.*

*Deus virtútum, converte nos, & ostende fáciem tuam ; * & salvi érimus.*

*Víneam de Ægypto transtulisti : * ejecisti gentes, & plantasti eam.*

*Dux itineris fuisti in conspectu ejus : * plantasti radices ejus ; & implévit terram.*

*Opéruit montes umbra ejus , * & arbusta ejus cedros Dei.*

*Exténdit pálmites suos usque ad mare, * & usque ad flumen propágines ejus.*

*Ut quid destruxisti macériam ejus; * & vindémiant eam omnes qui prætergrediuntur viam ?*

*Exterminávit eam aper de sylva, * & singuláris ferus depastus est eam.*

*Deus virtútum, convértere: * réspice de cœlo, & vide & visita víneam istã.*

*Et pérfice eam quàm plantávit déxtera tua, * & super filium hóminis*

Vous lui avez servi de guide en marchant devant elle : vous lui avez fait prendre racine ; & elle a rempli la terre.

Son ombre a couvert les montagnes ; & ses rejettons ont surpassé les plus hauts cédres.

Elle a étendu ses pampres jusqu'à la mer ; & ses rejettons ont provigné jusqu'au fleuve.

Pourquoi , Seigneur , avez-vous rompu sa clôture? pourquoi souffrez-vous qu'elle soit exposée au pillage de tous les passans ?

Le sanglier de la forêt la ravage : & elle sert de pâture aux bêtes farouches.

Dieu des armées, revenez à nous : regardez du haut du ciel , voyez & visitez votre vigne.

Réparez-la , puisque vos mains l'ont plantée : donnez - lui ce fils de l'homme destiné de toute éternité pour être son libérateur.

Elle a été brûlée & presqu'arrachée par l'ennemi : mais vos regards ménaçans le serontpérir.

Donnez - nous celui qui doit être armé de toute votre puissance ; ce fils de l'homme destiné de toute éternité pour être notre libérateur.

Alors nous ne nous retirerons plus de vous : vous nous donnerez une vie nouvelle , & nous invoquerons votre nom.

Seigneur , Dieu des armées , faites-nous retourner à vous : faites luire sur nous votre lumiére ; & nous serons sauvés.

Ant. Ce Pontife du Seigneur alloit dans tout le pays d'Israël : & ses exhortations étoient si pressantes, que les peuples entroient avec joie dans les voies de la plus austére pénitence.

quem confirmasti tibi.

*Incensa igni , & suffossa : * ab increpatióne vultûs tui peribunt.*

*Fiat manus tua super virum déxteræ tuæ, * & super filium hóminis quem confirmasti tibi.*

*Et non discédimus à te : * vivificábis nos, & nomen tuum invocábimus.*

Dómine , Deus virtútum , converte nos, & ostende fáciem tuam; & salvi érimus.*

Ant. 1. f. *Sacerdos Dómini magnus circuivit omnem Israel ; & ad exhortatiónem ejus erat cinis super cápita eórum.* Judith. 4.

P s e a u m e 85.

INclína, Dómine, aurem tuam, & exaudi me ; * quóniam inops & pauper sum ego.

Seigneur, prétez l'oreille à ma priére, & exaucez-moi ; car je suis sans secours & dans l'indigence.

Custódi ánimam meam, quóniam sanctus sum : * salvum fac servum tuum, Deus meus, sperantem in te.

Conservez mon ame, parce que je vous suis consacré : sauvez, ô mon Dieu, votre serviteur qui espére en vous.

Miserére meî, Dómine, quóniam ad te clamávi totâ die : * lætífica ánimam servi tui, quóniam ad te, Dómine, ánimam meam levávi.

Faites-moi miséricorde, Seigneur ; parce que je crie vers vous durant tout le jour : répandez la joie dans mon ame, Seigneur, parce que je la tiens élevée vers vous.

Quóniam tu, Dómine, suávis & mitis ; * & multæ misericórdiæ ómnibus invocántibus te.

Car vous êtes bon & indulgent, Seigneur : vous êtes plein de miséricorde envers tous ceux qui vous invoquent.

Auribus pércipe, Dómine, oratiónem meam ; * & intende voci deprecatiónis meæ.

Seigneur, écoutez mes vœux, & soyez attentif à la voix de ma priére.

In die tribulatió-

Je vous adresse mes

cris au jour de mon affliction, parce que vous m'avez déja exaucé.

Entre les dieux des nations, il n'y en a point qui vous ressemble, Seigneur, ni qui opére les merveilles que vous faites.

Toutes les nations que vous avez créées, viendront vous adorer, Seigneur ; & elles glorifieront votre nom.

Car vous êtes grand : vous êtes celui qui fait les merveilles : il n'y a point d'autre Dieu que vous.

Seigneur, enseignez-moi votre voie; & je marcherai dans votre vérité ; remplissez mon cœur de joie, afin qu'il révere, & qu'il craigne votre nom.

Seigneur, mon Dieu, je vous louerai de toute mon ame ; & je glorifierai votre nom éternellement.

*nis meæ clamávi ad te; * quia exaudísti me.*

*Non est símilis tuí in diis, Dómine ; * & non est secúndùm ópera tua.*

*Omnes gentes quascumque fecísti, vénient & adorábunt coram te, Dómine, * & glorificábunt nomen tuum.*

*Quóniam magnus es tu, & fáciens mirabília: * tu es Deus solus.*

*Deduc me, Dómine, in via tua ; & ingrédiar in veritáte tua : * lætétur cor meum, ut tímeat nomen tuum.*

*Confitebor tibi, Dómine Deus meus, in toto corde meo, * & glorificábo nomen tuum in æternum.*

*Quia misericórdia tua magna est super me ; * & eruísti ánimam meam ex inferno inferióri.*

Car vous m'avez fait éprouver la grandeur de votre miséricorde ; & vous avez tiré mon ame de l'abîme le plus profond.

*Deus, iníqui insurrexérunt super me, & synagóga poténtiam quæsiérunt ánimam meam ; * & non proposuérunt te in conspéctu suo.*

Les méchans se sont élevés contre moi, ô mon Dieu : une troupe d'hommes puissans cherchent à m'ôter la vie ; & ils n'ont point votre crainte devant les yeux.

*Et tu, Dómine, Deus miserátor & miséricors , * pátiens, & multæ misericórdiæ , & verax.*

Mais vous, Seigneur, vous êtes un Dieu de bonté & de clémence : vous êtes lent à punir, infiniment miséricordieux, & fidéle dans vos promesses.

*Réspice in me , & miserére mei : * da impérium tuum púero tuo, & salvum fac fílium ancíllæ tuæ.*

Jettez les yeux sur moi, & ayez pitié de moi : donnez votre force à votre serviteur, & sauvez le fils de votre servante.

*Fac mecum signum in bonum ; ut vídeant qui odérunt me, & confundantur : * quóniam tu ,*

Faites paroître quelque signe de votre bonté envers moi ; afin que ceux qui me haïssent, soient couverts de confusion, en voyant que je trouve en vous, Seigneur, mon secours & ma consolation.

Ant. Quelques impies dirent entre eux : Faisons tomber ce juste dans nos piéges ; puisqu'il condamne notre maniére de vivre, & qu'il nous reproche nos péchés contre la loi.

Dómine, adjuvísti me, & consolátus es me.

Ant. 3. à. Dixérunt ímpii : Circumveniámus justum, quóniam contrárius est opéribus nostris, & impróperat nobis peccáta legis. Sap. 2.

PSEAUME 139.

DElivrez-moi, Seigneur, de l'homme méchant : délivrez-moi de l'homme injuste.

ERipe me, Dómine, ab hómine malo : * à viro iníquo éripe me.

! Ils forment dans leur cœur de mauvais desseins contre moi : il me font une guerre continuelle.

*Qui cogitavérunt iniquitátes in corde : * totâ die constituébant prœlia.*

Ils aiguisent leur langue comme des serpens : ils ont sur les lévres un venin d'aspic.

*Acuérunt linguas suas sicut serpentis : * venénum aspidum sub lábiis eórum.*

Défendez-moi, Seigneur, contre les attaques des méchans : délivrez-moi de leurs violences.

*Custódi me, Dómine, de manu peccatóris ; * & ab homínibus iníquis éripe me.*

Qui

*Qui cogitavérunt supplantáre greſſus meos : * abſcondérunt ſuperbi láqueū mihi.*

Ils cherchent les moyens de me faire tomber : ces orgueilleux me dreſſent des piéges en ſecret.

*Et funes extendérunt in láqueum : * juxta iter ſcándalum poſuérunt mihi.*

Ils me tendent des filets : ils préparent des embûches près du chemin où je dois paſſer.

*Dixi Dómino : Deus meus es tu : * exaudi, Dómine, vocem deprecatiónis meæ.*

J'ai dit au Seigneur : Vous êtes mon Dieu : Seigneur, exaucez la priere que je vous adreſſe.

*Dómine, Dómine virtus ſalútis meæ, * obumbraſti ſuper caput meum in die belli.*

Seigneur mon Dieu, vous êtes ma force & mon ſalut : c'eſt vous qui me couvrez de votre bouclier au jour du combat.

*Ne tradas me, Dómine, à deſidério meo peccatóri : * cogitavérunt contra me ; ne derelinquas me, ne fórtè exaltentur.*

Ne me livrez pas, Seigneur, à l'injuſte haine des méchans : ils ont réſolu ma perte ; ne m'abandonnez pas, de peur qu'ils ne s'en élévent.

*Caput circúitus eórum, * labor labiórum ipſórum opériet eos.*

Leurs artifices & leurs détours tourneront à leur confuſion : le mal qu'ils me veulent faire par leurs calomnies, retombera ſur eux.

Des charbons ardens tomberont sur leurs têtes : vous les précipiterez dans un feu dévorant qui les consumera.

Le calomniateur ne prospérera pas sur la terre : l'homme injuste sera accablé de maux à la mort.

Je sais que le Seigneur jugera la cause des foibles, & qu'il vengera les pauvres.

Les justes loueront votre nom, Seigneur ; & ceux qui ont le cœur droit, jouiront d'un repos éternel en votre présence.

Ant. Fidéle imitateur de Moyse ce serviteur de Dieu, il combattit ses ennemis, non avec le fer, mais avec l'ardeur & la sainteté de ses priéres.

℣. Ils m'ont rendu le mal pour le bien, ℟. Dans le tems même que je priois pour eux.

*Cadent super eos carbónes : in ignem dejícies eos : * in misériis non subsistent.*

*Vir linguósus non dirigétur in terra : * virum injustum mala cápient in intéritu.*

*Cognóvi quia fáciet Dñus judícium ínopis , * & vindíctam páuperum.*

*Verumtamen justi confitebuntur nómini tuo ; * & habitábunt recti cum vultu tuo.*

Ant. 2. D. *Memor Móysi servi Dómini , hostes non ferro pugnando, sed précibus sanctis orando , dejecit.* Judith. 4.

℣. *Posuérunt advérsùm me mala pro bonis ;* ℟. *Ego autem orábam.* Pf. 108.

ABSOLUTION. 2. Mach. I.

DEus meminerit testamenti sui quod locútus est, & exáudiat oratiónes nostras. ℟. *Amen.*

Bened. *Detur nobis sermo in apertióne oris nostri, cum fidúciâ notum fácere mystérium Evangélii.* ℟. *Amen.* Ephes. 6.

QUe Dieu se souvienne de l'alliance qu'il a contractée avec son peuple, & qu'il exauce nos priéres. ℟. Amen.

Bénéd. Que Dieu nous ouvre la bouche, & qu'il nous donne des paroles pour annoncer librement le mystére de l'Evangile. ℟. Amen.

LEÇON vij.

Léctio sancti Evangélii secundùm Joannem.

IN illo témpore; Dixit Jesus Pharisæis : *Qui intrat per óstium, pastor est óvium. Et réliqua.* Homília sancti Cároli, Epíscopi.

Lecture du saint Evangile selon saint Jean.
Ch. 10.

EN ce tems-là; Jesus dit aux Pharisiens : Celui qui entre par la porte, est le pasteur des brebis. Et le reste. Homélie de saint Charles, Evêque.

Orat in Conc. Mediol. I.

IN delictis corrigendis illa nobis ineunda rátio est ut pro vi & modo morbórum ægrórum-

LA conduite que nous devons tenir dans la correction des fautes, est de mettre une juste proportion en-
C ij

tre la nature des maladies , le caractére des malades , & la force des remédes que nous employons pour les guérir. Souvent il ne faut pour réuffir , que des avis ou des réprimandes ; quelquefois il faut avoir recours à des remédes plus forts. Enfin fi le mal eft extrême , & qu'il y ait fujet de craindre que la contagion du mauvais exemple ne fe communique , il faut employer le fer & le feu. Mais fouvenons-nous toujours en corrigeant nos freres, que nous fommes des peres, & non des maîtres. Nous rétablirons infailliblement la difcipline, fi nous employons les mêmes moyens dont fe font fervis ceux qui nous ont précédés, pour l'établir & la conferver pendant tant de fiécles. Imitons ces faints Pontifes, qui avec le fecours

que natúrâ medicínam accommodémus : nunc lévibus admonitiónis & objurgatiónis remédiis erráta caftigantes ; nunc acrióri curatióne utentes ; démique exulcerátis pártibus ferrum & ignem admoventes, quemádmodum mali rátio & contagiónis perículum poftulábit ; mémores femper nos effe patres , non dóminos. Morum autem difciplínam fácilè reftituémus , fi quâ ratióne , quibufve faclis primùm conftitúta , diuque confervàta eft, eamdem nos in reftituenda adhibébimus ; illórum veftígia perfequentes , qui hanc bonórum amplitúdinem nobis , Deo auclóre , fuâ virtúte peperérunt. Tu au-

tem, *&c.*

de Dieu, nous ont procuré par leurs travaux cette abondance de biens spirituels.

℟. *Egressus circuíbat per castella, * Evangelizans ubíque, instans opportúnè, importúnè; increpans † In omni patientiá & doctriná. ℣. Surrexit quasi ignis, & verbum ipsius quasi fácula ardébat; * Evangelízans. Glória Patri. † In omni.* Luc. 9. 2. Tim. 4. Eccli. 48.

℟. Allant de village en village, * Il annonçoit par-tout l'Evangile dans toute sa pureté, pressant les pécheurs à tems & à contre-tems, les menaçant de la colére de Dieu, s'ils ne faisoient pénitence. † Il ne se lassa jamais de souffrir & d'instruire. ℣. Sa parole semblable au feu portoit la lumiére & la chaleur de la charité dans tous les cœurs. * Il annonçoit. Gloire au Pere. † Il ne.

Bened. *Occurrámus omnes in unitátem fídei, & agnitiónis Fílii Dei; ut non circumferámur omni vento doctrínæ.* ℟. *Amen.* Ephes. 4.

Bénéd. Efforçons-nous de parvenir tous à l'unité de la foi, & de la connoissance du Fils de Dieu; afin que nous ne nous laissions pas emporter à tous les vents des opinions humaines. ℟. Amen.

L E Ç O N   viij.

RAppellons-nous, je vous en conjure, quelle étoit la sainteté de ces grands hommes, & leur sagesse dans l'exercice de leur ministére. C'étoient des hommes sans reproches, chastes, humbles, simples, accomplis, appliqués à la priére & à la lecture, s'oubliant eux-mêmes, pour n'être occupés que du salut de leurs freres. Pleins de bonté pour leurs ouailles, elles trouvoient en eux des lumiéres & des secours. Ils exerçoient avec joie l'hospitalité. La modestie paroissoit dans leurs meubles, & la frugalité dans leur table : resserrés pour eux-mêmes, ils étoient indulgens & généreux pour les autres. Ils étoient vigilans sur le troupeau qui leur étoit confié, cultivant avec soin & beaucoup de tra-

PRoponámus nobis, quæso, illórum vitæ sanctitátem, & in administratióne officii sui sapiéntiam. Erant íntegri, casti, simplices, modesti, húmiles, bene moráti, in oratióne & lectióne assidui, sui despicientes, in aliénæ salútis cura & cogitatióne defixi, consílio & óperâ benigni, hospitáles, in doméstico cultu & victu parci, in áliis benéfici & liberáles. Erant vigilantes super grégibus suis, víneam Dómini summâ diligéntiâ & labóre colentes & custodientes. Pascébant assiduè oves sibi commissas, triplici salútis cibo; verbo, exemplo & sacramentis. Mémores quoque & imitatóres summi Pastóris Christi, qui pro universo grege suo sánguinem & vitam profúdit: ipsi quoque pro suarum incolumitáte óvium, quemvis excípere labórem, subíre casus, omnem vim atque injúriam perferre, dénique ut bonus ille Pastor Evangélicus, ánimam suam pro óvibus pónere non dubitábant, nullum inde hujus vitæ fructum expectantes; ut máximos cœléstis retributiónis fructus consequerentur. Tu autem, &c.

vail la vigne du Seigneur. Ils fournissoient abondamment à leurs ouailles les mets salutaires de la parole, du bon exemple & des sacremens. Ayant toujours devant les yeux Jesus-Christ le souverain Pasteur qui a répandu son sang, & donné sa vie pour son troupeau, ils étoient toujours prêts à tout entreprendre pour procurer le salut de leurs ouailles, s'exposoient au péril, & souffroient sans se plaindre les affronts & les insultes des méchans. Enfin, ils n'hésitoient point à se sacrifier eux-mêmes, comme ce bon Pasteur de notre Evangile, pour le salut du troupeau; n'attendant en ce monde, pour en recevoir une plus abondante dans le Ciel.

℟. Adduxérunt eum ad tribúnal, * Dicentes: Quia contra legem † Hic

℟. On forma des plaintes contre lui au conseil du Roi, * En disant qu'il donnoit atteinte aux

loix de l'état par ses ordonnances dans lesquel-
les † Il régloit tout ce
qui concerne le culte
& le service de Dieu.
℣. Quelques-uns d'entre
les enfans d'Israël, qui
étoient des hommes tout
couverts de péchés, de
vraies pestes publiques,
présenterent contre lui
des accusations, * En di-
sant. Gloire. † Il régloit.

*persuadet homínibus
cólere Deum.* ℣. *Con-
venérunt adversùs
eum viri pestilentes
ex Israel, viri ini-
qui interpellantes
adversùs eum,* * *Di-
centes : Quìa contra
legem. Glória Pa-
tri.* † *Hic persuádet
homínibus cólere
Deum.* Act. 18. 1.
Mach. 10.

[*S'il est Dimanche, de la viij. & de la ix.
Leçon on n'en fera qu'une ; & la ix. Leçon sera
de l'Homélie sur l'Evangile du Dimanche, sous
la Bénédiction* Fúlgeat.]

Bénéd. Que le Dieu d'espérance nous comble de
paix & de joie dans no-
tre foi ; afin que par la
vertu du S. Esprit, no-
tre espérance croisse de
plus en plus. ℟. Amen.

Bened. *Deus spei
répleat nos omni
gáudio & pace in
credendo, ut abundé-
mus in spe & virtú-
te Spíritùs sancti.* ℟.
Amen. Rom. 15.

LEÇON ix.

S I nous avons toujours
ces grands modéles
devant les yeux, nous
comprendrons sans pei-
ne ce que nous avons à

*HÆc si, ut de-
bémus, ante
óculos habébimus,
fácilè intelligémus
quid in restitutióne*

Ecclesiásticæ disciplínæ nobis sit hoc témpore agendum. In quo etiam illud animadvertendum erit, ut quemádmodum in conformánda & constituenda Ecclesiástica ratióne Christus Dóminus ab ipsis Apóstolis, quos christiánæ vitæ magistros esse volúerat, inítium fecit; sic nos à nobis ipsis pastóribus, quæ vivendi exempla & præcepta áliis trádere opórtet, in constituenda restituendaque morum disciplínâ exordiámur. Tu autem, &c.

faire aujourd'hui pour rétablir la discipline. Faisons sur-tout attention que comme J. C. voulant établir sa Religion, commença par former les Apôtres qu'il destinoit à enseigner aux autres les maximes de la vie chrétienne, nous devons de même commencer à nous réformer; afin de nous mettre en état de rétablir le bon ordre, & de donner aux autres des préceptes & des exemples de la vie qu'ils doivent mener.

℞. Passus sum absque iniquitáte manûs meæ, cùm habérem mundas ad Deum preces. Ecce in cœlo testis meus, & * Cónscius meus in excélsis. † Ad Deum stillat óculus meus. ℣. Commúni-

℞. J'ai souffert de leur part, sans que ma main fût souillée d'aucune iniquité, lors même que j'offrois à Dieu des priéres pures. Le témoin de mon innocence est dans le ciel : * Il connoît le fond de mon cœur. † Mes yeux fondent en

larmes en sa présence.
℣. Quelle joie plus par-
faite que celle que je
ressens, maintenant que
j'ai quelque part aux
souffrances de J.C. * Ii.
Gloire. † Mes yeux.

cans Christi passió-
nibus gáudeo.* Cón-
scius meus in excel-
sis. Glória Patri.
† Ad Deum stillat.
Job. 16. 1. Petri.
4.

[*On répéte le ℟. jusqu'au ℣.*]

NOus vous adorons,
Dieu tout-puissant,
& nous vous reconnoif-
sons pour le Seigneur de
l'univers.

*TE Deum lau-
dámus, * te
Dóminum confité-
mur.*

Toute la terre vous
révére comme le Pere
& la source éternelle de
tout être.

*Te æternum Pa-
trem * omnis terra
venerátur.*

Les Anges| & toutes
les Puissances célestes ;

*Tibi omnes An-
geli ; * tibi cœli &
univerfæ Potestates;*

Les Chérubins & les
Séraphins chantent fans
cesse pour vous rendre
hommage :

*Tibi Chérubim &
Séraphim * inceffá-
bili voce proclá-
mant :*

Saint,
Saint,
Saint,

*Sanctus,
Sanctus,
Sanctus,*

Est le Seigneur le Dieu
des armées.

*Dóminus Deus
Sábaoth.*

Les cieux & la terre

Pleni funt cœli

& terra * majestátis glóriæ tuæ.

sont remplis de la grandeur & de l'éclat de votre gloire.

Te gloriósus * Apostolórum chórus,

Te Prophetárum * laudábilis númerus,

Te Mártyrum candidátus * laudat exércitus.

L'illustre chœur des Apôtres,

La respectable multitude des Prophétes,

La brillante armée des Martyrs célébrent vos louanges.

Te per orbem terrárum * sancta confitétur Ecclésia.

L'Eglise sainte répandue par tout l'univers confesse & publie votre nom,

Patrem * imménsæ majestátis:

Venerandum tuum verum * & únicum Fílium,

Sanctum quoque * paraclétum Spíritum.

O Dieu, dont la majesté est infinie.

Elle adore votre Fils unique & véritable,

Et le saint Esprit consolateur.

Tu Rex glóriæ, * Christe.

Tu Patris * sempiternus es Fílius.

Tu, ad liberandum susceptúrus hóminem, * non horruisti Virginis úterum.

Vous êtes le Roi de gloire, ô Jesus.

Vous êtes le Fils éternel du Pere.

Vous n'avez point dédaigné de vous revêtir de la nature humaine dans le sein d'une Vierge, pour sauver les hommes.

Vous avez brisé l'aiguillon de la mort, & vous avez ouvert aux fidéles le royaume des cieux.

*Tu, devícto mortis acúleo, * aperuísti credéntibus regna cœlórum.*

Vous êtes assis à la droite de Dieu dans la gloire de votre Pére.

*Tu ad déxteram Dei sedes * in glória Patris.*

Nous croyons que vous viendrez un jour juger l'univers.

*Judex créderis * esse ventúrus.*

Au ℣. suivant on se tourne vers l'Autel.

Nous vous supplions donc de secourir vos serviteurs, que vous avez rachetés de votre sang précieux.

*Te ergo quæsumus, fámulis tuis súbveni, * quos pretióso sánguine redemísti.*

Mettez-nous au nombre de vos Saints, pour jouir avec eux de la gloire éternelle.

*Æterna fac * cum Sanctis tuis in glória numerári.*

Seigneur, sauvez votre peuple, & bénissez ceux que vous avez choisis pour votre héritage.

*Salvum fac pópulum tuum, Dómine, * & bénedic hæreditáti tuæ.*

Conduisez-les, & élevez-les jusques dans l'eternité bienheureuse.

*Et rege eos, * & extolle illos usque in æternum.*

Nous vous bénissons tous les jours.

*Per síngulos dies * benedícimus te.*

Et nous louons votre nom à jamais, & dans

Et laudámus nomen tuum in sécu

lum , * & in féculum féculi.

la suite de tous les siécles.

*Dignáre , Dómine , die isto * sine peccáto nos custodíre.*

Daignez , Seigneur , nous conserver en ce jour purs & sans péché.

*Miserére nostri, Dómine; * miserére nostri.*

Ayez pitié de nous , Seigneur ; ayez pitié de nous.

*Fiat misericórdia tua, Dómine, super nos, * quemádmodum sperávimus in te.*

Répandez sur nous vos miséricordes , Seigneur, selon que nous avons espéré en vous.

*In te , Dómine , sperávi: * non confundar in æternum.*

Car c'est en vous, Seigneur, que j'ai mis mon espérance: ne permettez pas que je sois confondu à jamais.

℣. Sacerd. *Laudábo , Dómine , nomen tuum assíduè :* ℞. *Liberásti me de mánibus quæréntium ánimam meã.* Cant. Eccli. 51.

℣. *Sacerd.* Seigneur , je ne cesserai jamais de louer votre nom; ℞. Parce que vous m'avez délivré des mains de ceux qui cherchoient à m'ôter la vie.

Si on ne dit point Laudes immédiatement après l'Office de la Nuit , le Célébrant dit ici l'Oraison de la Messe.

A LAUDES.

[La vie pénitente, les aumônes, les jeûnes, la patience, les mortifications, & toutes les vertus particuliéres de saint Charles.]

℣. *Deus, in adjutórium, &c.*

PSEAUME 62.

O Dieu, vous êtes mon Dieu : je vous cherche dès le point du jour.

Dans cette terre aride, sans route & sans eau, mon ame sent pour vous une soif ardente, & ma chair soupire vers vous.

Je vous vois dans votre sanctuaire, & je contemple votre puissance & votre gloire.

Parce que votre miséricorde m'est plus précieuse que la vie, mes lévres chanteront vos louanges.

C'est ainsi que je vous bénirai tant que je vivrai;

D Eus, Deus meus, * ad te de luce vígilo.

Sitívit in te ánima mea, quàm multiplíciter tibi caro mea * in terra deserta, & ínvia, & inaquósa.

Sic in sancto appárui tibi, * ut vidérem virtútem tuam & glóriam tuam.

Quóniam mélior est misericórdia tua super vitas, * lábia mea laudábunt te.

Sic benedícam te in vita mea, * & in

nómine tuo levábo manus meas.

Sicut ádipe & pinguédine repleátur ánima mea, *& lábiis exultatiónis laudábit os meum.

Si memor fui tuî super stratum meum, * in matutínis meditábor in te.

Quia fuísti adjútor meus, * & in velamento alárum tuárum exultábo.

Adhǽsit ánima mea post te : * me suscépit déxtera tua.

Ipsi verò in vanum quæsiérunt ánimam meam, * introíbunt in inferióra terræ.

Tradentur in manus gládii : * partes vúlpium erunt.

Rex verò lætábitur

&. j'aurai toujours les mains élevées pour invoquer votre nom.

Que mon ame soit remplie & comme inondée de vos bénédictions ; & ma langue fera sans cesse éclater vos louanges.

Quoique pendant la nuit je me souvienne de vous sur mon lit, je m'occupe encore le matin de votre grandeur.

Parce que vous êtes mon protecteur, je tressaille de joie sous l'ombre de vos ailes.

Mon ame se tient fortement attachée à vous; & votre droite me soutient.

C'est en vain que mes ennemis me cherchent pour m'ôter la vie : ils descendront au plus profond de la terre.

Ils seront livrés à l'épée, & ils deviendront la proie des bêtes carnaciéres.

Pour le Roi, il trouvera sa joie en Dieu : tous ceux qui révérent le Seigneur, & jurent par lui, le glorifieront de ce qu'il aura fermé la bouche des calomniateurs.

Ant. Plus il étoit grand aux yeux des hommes, plus il étoit humble & petit à ses propres yeux. Aussi trouva-t-il grace devant Dieu, qui n'est honoré comme il faut, que par les humbles.

*in Deo: laudabuntur omnes qui jurant in in eo ; * quia obstructum est os loquéntium iníqua.*

Ant. 1. f. Quantò magnus erat, humiliábat se in ómnibus : & coram Deo invénit grátiam ; quóniam ab humílibus honorátur. Eccl. 3.

PSEAUME 69.

O Dieu, venez à mon aide : hâtez-vous, Seigneur, de me secourir.

*D Eus, in adjutórium meum intende : * Dómine, ad adjuvandum me festína.*

Que ceux qui cherchent à m'ôter la vie, soient couverts de honte & de confusion.

*Confundantur, & revereantur, * qui quærunt ánimam meam.*

Que ceux qui veulent ma perte, soient renversés & livrés à l'ignominie.

*Avertantur retrorsùm, & erubescant, * qui volunt mihi mala.*

Que ceux qui disent en insultant à mes maux :

*Avertantur statim erubescéntes, **

qui dicunt mihi : Euge, euge.

Réjouissons-nous, réjouissons-nous, aient la honte de fuir devant moi.

Exultent & lætentur in te omnes qui quærunt te;* & dicant semper: Magnificetur Dóminus, qui díligunt salutáre tuum.

Que tous ceux qui vous cherchent, trouvent leur joie en vous; & que ceux qui n'attendent leur salut que de vous, disent sans cesse : Le Seigneur soit glorifié.

Ego verò egénus & pauper sum : * Deus, ádjuva me.

Pour moi, je suis pauvre & affligé : venez à mon secours, ô mon Dieu.

Adjútor meus & liberátor meus es tu : * Dómine, ne moréris.

Vous êtes mon appui & mon libérateur : Seigneur, ne différez pas.

Ant. 2. A. In oratióne persístens, cum lácrymis deprecabátur Dóminum. Tob. 3.

Ant. Sa priére étoit continuelle : & lorsqu'il parloit au Seigneur, ses yeux étoient baignés de ses larmes.

PSEAUME 99.

JUbiláte Deo, omnis terra : * servíte Dómino in lætítia.

PEuples de toute la terre, poussez des cris de joie vers Dieu; servez le Seigneur avec allégresse.

Préſentez-vous devant lui dans les tranſports d'une ſainte joie.

Reconnoiſſez que le Seigneur eſt Dieu : c'eſt lui qui nous a faits, & nous ne nous ſommes pas faits nous-mêmes.

Nous ſommes ſont peuple, & les brebis qu'il nourrit : entrez dans ſon temple en célébrant ſes louanges : chantez des hymnes en ſon honneur dans ſa maiſon ſainte : rendez-lui des actions de graces publiques & ſolemnelles.

Béniſſez le nom du Seigneur, parce qu'il eſt plein de bonté.

Sa miſéricorde eſt éternelle, & la vérité de ſes promeſſes paſſe de ſiécle en ſiécle.

Ant. Jamais il ne rendit à perſonne le mal pour le mal, ayant ſoin de faire le bien non-ſeulement devant Dieu, mais auſſi devant les hommes.

*Introíte in conſpéctu ejus * in exultatióne.*

*Scitóte quóniam Dóminus ipſe eſt Deus : * ipſe fecit nos, & non ipſi nos.*

*Pópulus ejus, & oves páſcuæ ejus, introíte portas ejus in confeſſióne, átria ejus in hymnis : * confitémini illi.*

*Laudáte nomen ejus, * quóniam ſuávis eſt Dóminus.*

*In æternum miſericórdia ejus, * & uſque in generatiónem & generatiónem véritas ejus.*

Ant. 5. a. Nulli malum pro malo reddébat ; próvidens bona non tantùm coram Deo, ſed étiam coram homínibus. Rom. 12.

CANTIQUE. *Eccli.* 51.

DOmine, laudábo nomen tuum assiduè : confitébor, & laudem dícam tibi, * & benedícam nómini Dñi.

Cùm adhuc júnior essem, priusquam oberrárem, * quæsívi sapiéntiam palàm in oratióne mea.

Ante templum postulábam pro illa, * & usque in novíssimis inquíram eam.

Et efflóruit tanquam præcox uva : * lætátum est cor meŭ in ea.

Ambulávit pes meus iter rectum : * à juventúte mea investigábam eam.

Inclinávi módicè aurem meam, * & excépi illam.

SEigneur, je glorifierai sans cesse votre nom : je chanterai vos louanges, & je bénirai le nom du Seigneur.

Lorsque j'étois encore jeune, avant même que je pusse m'égarer, j'ai cherché la sagesse dans la priére avec beaucoup d'instance.

Je l'ai demandée à Dieu dans son temple, & je la rechercherai jusqu'à la fin de mes jours.

Elle a fleuri dans moi comme un raisin qui mûrit avant le tems ; & mon cœur a trouvé sa joie en elle.

Mes pieds ont marché dans un chemin droit, & j'ai tâché de la découvrir dès ma jeunesse.

J'ai prêté humblement l'oreille pendant quelque tems ; & la sagesse m'a été donnée.

J'en ai trouvé beaucoup en moi-même, & j'y ai fait un grand progrès.

Multum invéni in meipso sapiéntiam, * *& multùm proféci in eâ.*

Je donnerai la gloire à celui qui m'a donné la sagesse.

Danti mihi sapiéntiam * *dabo glóriam.*

Car je me suis résolu à faire ce qu'elle prescrit : j'ai été zélé pour le bien, & je ne tomberai point dans la confusion.

Consiliátus sum enim ut fácerem illam : * *zelátus sum bonum ,* *& non confundar.*

Mon ame a lutté longtems pour atteindre à la sagesse , & je m'y suis confirmé en faisant ce qu'elle m'ordonne.

Colluctáta est ánima mea in illâ , * *& in faciendo eam confirmátus sum.*

J'ai conduit mon ame droit à elle , & je l'ai trouvée dans la connoissance de moi-même.

Animam meam diréxi ad illam, * *& in agnitióne invéni eam.*

J'ai dès le commencement possédé mon cœur avec elle : c'est pourquoi je ne serai point abandonné.

*Possédi cum ipsa cor ab inítio : * * *propter hoc non derelinquar.*

Mes entrailles ont été émues en la cherchant ; & c'est pour cela que je posséderai un si grand bien.

*Venter meus conturbátus est , quærendo illam : * * *proptérea bonam possidébo possessiónem.*

Dedit mihi Dómi-
nus linguam, mercé-
dem meam ; * & in
ipsa laudábo eum.

Le Seigneur m'a don-
né pour récompense une
langue : je ne m'en ser-
virai qu'à le louer.

Appropiáte ad me,
indócti ; * & congre-
gábo vos in domum
disciplínæ.

Approchez-vous donc
de moi, vous tous qui
êtes dans l'ignorance :
assemblez-vous dans ma
maison, qui est une mai-
son de réglement & de discipline.

Ant. 4. C. Cíne-
rem tamquam pa-
nem manducábam,
& potum meum cum
fletu miscébam. Ps.
101.

Ant. La cendre étoit
le pain dont je me nour-
rissois, & mon breuvage
étoit arrosé de mes lar-
mes.

PSEAUME 148.

L Audáte Dómi-
num, de cœlis :
* laudáte eum in
excelsis.

VOus qui êtes dans
les cieux, louez le
Seigneur : louez - le au
plus haut du firmament.

Laudáte eum,
omnes Angeli ejus : *
laudáte eum, omnes
virtútes ejus.

Anges du Seigneur,
louez-le tous : puissances
& armées du Seigneur,
louez-le toutes.

Laudáte eum, sol
& luna : * laudáte
eum, omnes stellæ
& lumen.

Soleil & lune, louez
le Seigneur : étoiles bril-
lantes, louez toutes le
Seigneur.

Laudáte eum,
cœli cœlórum ; * &

Cieux des cieux, louez
le Seigneur : & que les

eaux qui font au-deſſus des airs, louent le nom du Seignenr.

Car il a parlé, & tout a été fait ; il a commandé, & tout a été créé.

Il a établi les corps céleſtes pour durer dans la fuite de tous les ſiécles : il leur a donné des loix qu'ils ne violeront pas.

Louez le Seigneur, vous qui êtes ſur la terre : dragons & abîmes des eaux, louez le Seigneur.

Feux & grêles, neiges & vapeurs, vents & tourbillons qui exécutez les ordres du Seigneur, louez-le.

Que les montagnes & toutes les collines ; les arbres fruitiers, & tous les cédres ;

Que les bêtes ſauvages, & tous les animaux domeſtiques ; les reptiles, & tous les oiſeaux qui volent ;

Que les rois de la ter-

---

aquæ omnes quæ super cœlos ſunt, laudent nomen Dñi.

*Quia ipſe dixit, & faɕta ſunt ; * ipſe mandávit, & creáta ſunt.*

*Státuit ea in æternum, & in ſeculum ſéculi : * præceptum póſuit, & non præteríbit.*

*Laudáte Dóminum, de terra ; * dracónes, & omnes abyſſi.*

*Ignis, grando, nix, glácies, ſpíritus procellárum, * quæ fáciunt verbum ejus ;*

*Montes, & omnes colles ; * ligna fruɕtífera, & omnes cedri ;*

*Béſtiæ, & univerſa pécora ; * ſerpentes, & vólucres pennátæ ;*

Reges terræ, &

omnes pópuli;* prín- cipes, & omnes jú- dices terræ;

Júvenes & vírgi- nes, senes cum junió- ribus, laudent no- men Dómini, quia exaltátum est nomen ejus solíus.

Conféssio ejus super cœlum & terram;* & exaltávit cornu pópuli sui.

Hymnus ómnibus Sanctis ejus,* filiis Israel, pópulo appro- pinquanti sibi.

Ant. 7. G. Dividé- bat unicuique, prout póterat, de facultáti- bus suis; & hæc ob- servábat secundùm legem Dei. Tob. 1.

re, & tous les peuples; les princes & tous les juges de la terre;

Que les jeunes hom- mes & les filles, les vieil- lards & les enfans louent le nom du Seigneur, parce qu'il n'y a que son nom de grand.

Sa grandeur est au- dessus des louanges du ciel & de la terre; c'est lui qui a élevé son peuple en puissance & en gloire.

Que tous ses Saints le louent, les enfans d'Is- raël, les peuples qui ap- prochent de lui.

Ant. Religieux obser- vateur de la loi de Dieu, il distribuoit son bien aux pauvres, donnant à chacun selon son pou- voir & le besoin.

CAPITULE. 2. Cor. 9.

CAstigo corpus meum, & in ser- vitútem rédigo; ne fortè, cùm áliis præ- dicáverim, ipse ré- probus efficiar.

JE traite rudement mon corps, & je le réduis en servitude, de peur qu'ayant prêché aux autres, je ne sois ré- prouvé moi-même.

Hymne.

LE Prélat qu'en ces
lieux à ta place on
appelle,
De tes vertus, Ambroi-
se, est le digne hé-
ritier ;
Et pour les droits du
Ciel, rempli du mê-
me zéle,
Suit le même sentier.

Que le pouvoir des
rois ou menace ou
promette,
Rien contre son devoir
ne le fera plier :
Les sceptres les plus fiers
sous sa foible hou-
lette
Viendront s'humilier.

Combien assembla-t-il
de Prélats vénéra-
bles,
Pour en faire observer
les decrets immor-
tels,
Et retrancher ainsi mille
abus déplorables
Du culte des autels !

Les Prêtres mieux ins-

Qui tuam Præ-
sul sápiens
subívit,
Ambrosi, sedem; si-
milem labórem
Et pares curas subit
ille magni
Péctoris hæres.

Ille rectóres pó-
puli superbos
Nil timet , solum
métuens Tonan-
tem :
Et pedum simplex
veneranda regum
Sceptra verentur.

Præsulum cœ-
tus quóties coé-
git,
Scita qui Patrum
pópulis referret ,
Rédderet templis de-
cus, & profános
Tólleret usus !

Hîc Sacerdótum
píetas

pietas revixit,
Castitas sacros répe-
tit recessus:
Civitas surgit nova,
pristinórum
Æmula morum.

Quot Deo condit,
reparatque tem-
pla,
Atque curandis pia
tecta morbis,
Aut domos sacras,
ubi rector aptos
Format alumnos!

Glandis in-
cussæ caput in
verendum
Plúmbeæ stridens
hebetátur ictus:
Innocens ictus fuit
hic superni
Pignus amóris.

Trinitas sum-
mo veneranda
cultu,
Fida plebs in te colit

truits commence-
rent de suivre
Les sentiers peu battus
de l'humble piété :
Le Cloître se réforme,
& l'on y voit revi-
vre
L'antique austérité.
Combien à l'Eternel
a-t-il bâti de tem-
ples,
De maisons où le corps
voit guérir ses lan-
gueurs ;
Et de sacrés réduits,
où par ses grands
exemples
Il forma des pasteurs !
Par une main barbare
un plomb cruel &
traître
Sur sa tête lancé siffle
dans l'air qu'il fend :
Le coup n'a d'autre effet
que de faire connoî-
tre.
Le bras qui le défend.
Trinité souveraine,
exauce notre zéle ;
Et te laissant toucher
aux soupirs de nos

cœurs,

Veuille toujours donner
à ton peuple fidéle
De semblables pas-
teurs.

Amen.

℣. J'ai affligé mon
ame par le jeûne ;

℟. Et j'ai pris pour
vêtement un cilice.

unitátem :

*Qui pari cura réfe-
rant paréntem,
Unge minístros.*

Amen.

℣.*Opérui in jejú-
nio ánimam meam;*

℟. *Et pósui vesti-
mentum meum cili-
cium.* Pf. 68.

CANTIQUE DE ZACHARIE. S. *Luc,* 1.

BEni soit le Seigneur,
le Dieu d'Israël, de
ce qu'il a visité & racheté son peuple ;

De ce qu'il nous a sus-
cité un puissant Sauveur
dans la maison de David
son serviteur,

Selon la promesse qu'il
avoit faite par la bouche
de ses saints Prophétes
qui ont été dans les sié-
cles passés,

De nous délivrer des
mains de nos ennemis,
& de tous ceux qui nous
haïssent ;

BEnedíctus Dñs
Deus Israel ; *
quia visitávit, &
fecit redemptiónem
plebis suæ ;

Et eréxit cornu
salútis nobis, * in
domo David púeri
sui,

Sicut locútus est
per os sanctórum, *
qui à século sunt,
Prophetárum ejus,

Salútem ex inimí-
cis nostris, * & de
manu ómnium qui
odérunt nos ;

Ad faciendam misericordiam cum pátribus nostris, * & memorári testamenti sui sancti,

Jusjurandum quod jurávit ad Abraham patrem nostrum, * datúrum se nobis ;

Ut sine timóre, de manu inimicórum nostrórum liberáti, * serviámus illi.

In sanctitáte & justítia coram ipso * ómnibus diébus nostris.

Et tu, puer, Prophéta Altíssimi vocáberis ; * præibis enim ante fáciem Dómini, paráre vias ejus,

Ad dandam sciéntiam salútis plebi ejus, * in remissiónem peccatórum eórum,

Per víscera misericórdiæ Dei nostri,

En usant de miséricorde envers nos peres, & en se souvenant de son alliance sainte,

Et du serment par lequel il a promis à Abrabam notre pere, qu'il nous feroit cette grace,

Qu'étant délivrés de la puissance de nos ennemis, nous le servirions sans crainte,

Marchant en sa présence dans la sainteté & dans la justice tous les jours de notre vie.

Et vous, petit enfant, vous serez appellé le Prophéte du Très-haut; car vous irez devant le Seigneur pour lui préparer les voies,

Pour donner à son peuple la connoissance du salut ; afin qu'ils obtiennent la rémission de leurs péchés,

Par les entrailles de la miséricorde de notre

Dieu, par lesquelles ce Soleil levant est venu d'en-haut nous visiter ;

Pour éclairer ceux qui habitent dans les ténébres & dans l'ombre de la mort, pour conduire nos pas dans le chemin de la paix.

Ant. Il portoit sur sa chair un rude cilice, & jeûnoit tous les jours de sa vie.

* *in quibus visitávit nos Oriens ex alto ;*

*Illumináre his qui in ténebris & in umbra mortis sedent, * ad dirigendos pedes nostros in viam pacis.*

Ant. 4. f. Habens super lumbos suos cilícium jejunábat ómnibus diébus vitæ suæ. Judith. 8.

L'Oraison de la Messe.

[*S'il est Dimanche, on en fera Mémoire ; mais on n'en fera point de l'Octave de tous les Saints, ni de saint Clair, dans les Eglises où cette Fête n'est pas de Rit Annuel.*

A PRIME.

[S. Charles sanctifie & consacre les prémices du jour par la priére : son zéle pour la doctrine chrétienne.]

℣. *Deus, in adjutórium, &c.*

HYMNE.

LA lumiere brillante de l'astre du jour nous invite à offrir à

JAM *lucis orto sídere, Deum precémur sup-*

plices,
Nostras ut ipse díri-
gat,
Lux increáta, sé-
mitas,

Nil lingua, nil
peccet manus :
Nil mens ináne có-
gitet :
In ore simplex véri-
tas,
In corde regnet cá-
tas.

Incœpta dum
fluet dies,
O Christe, custos
pérvigil,
Quas sævus hostis
óbsidet,
Portas tuére sén-
suum.

Præsta diurnus
ut tuæ
Subsérviat laudi la-
bor :
Auctóre quæ te cœ-
pimus,
Da, te savénte, pró-

Dieu de ferventes priéres : supplions la lumiére éternelle de conduire elle-même nos pas, & de nous faire marcher dans ses sentiers.

Que nos lévres soient pures, & nos mains innocentes : que notre esprit ne s'occupe que d'utiles pensées : que la vérité ennemie de tout déguisement soit toujours dans notre bouche, & que la charité régne dans nos cœurs.

Protégez nous, Seigneur, pendant le cours de cette journée; & veillez sans cesse à la garde de nos sens, dont l'ennemi cruel assiége l'entrée de toute part.

Faites que notre travail pendant ce jour soit consacré à votre gloire ; & que nous terminions heureusement par votre grace, ce que nous avons saintement commencé par son secours.

Que l'usage sobre des alimens rende notre chair tranquille & soumise ; de peur que devenant orgueilleuse & rebelle, elle n'exerce sur l'esprit un empire tirannique.

Gloire au Pere, gloire au Fils, gloire au saint Esprit, qui pénétre de l'onction de sa divinité, ceux qu'il consacre au ministére des saints Autels. Amen.

sequi.

Superba ne nimis caro

Menti licenter imperet ;

Carnis domet superbiam

Potùs cibique párcitas.

Sit laus Patri, laus Filio

Tibique, sanĉte Spiritus ,

Qui, quos vocas altáribus ,

Tuo perungis númine. Amen.

Pseaume 117.

REndez gloire au Seigneur, parce qu'il est bon ; parce que sa miséricorde est éternelle.

Qu'Israel dise maintenant que le Seigneur est bon, & que sa miséricorde est éternelle.

Que la maison d'Aaron dise maintenant que sa miséricorde est éternelle.

COnfitémini Dómino, quóniam bonus ;* quóniam in séculum misericórdia ejus.

*Dicat nunc Israel quóniam bonus, * quóniam in séculum misericórdia ejus.*

*Dicat nunc domus Aaron, * quóniam in séculum misericórdia ejus.*

Dicant nunc qui timent Dóminum, quóniam in séculum misericórdia ejus.*

De tribulatióne invocávi Dóminum, & exaudívit me in latitúdine Dóminus.*

*Dóminus mihi adjútor : * non timébo quid fáciat mihi homo.*

*Dóminus mihi adjútor; * & ego despíciam inimícos meos.*

*Bonum est confídere in Dómino , * quàm confídere in hómine.*

*Bonum est speráre in Dómino, * quàm speráre in princípibus.*

*Omnes gentes circuiérunt me; * & in nómine Dómini quia ultus sum in eos.*

*Circumdantes circumdedérunt me ; * & in nómine Dómini quia ultus sum in eos.*

Que ceux qui craignent le Seigneur, disent maintenant que sa miséricorde est éternelle.

Dans mon affliction j'ai invoqué le Seigneur, & le Seigneur m'a exaucé & mis au large.

Le Seigneur est mon soutien : je ne craindrai rien de ce que l'homme pourra me faire.

Le Seigneur est mon soutien, & je mépriserai mes ennemis.

Il vaut mieux mettre sa confiance dans le Seigneur, que de la mettre dans l'homme.

Il vaut mieux mettre son espérance dans le Seigneur, que de la mettre dans les princes.

Toutes les nations m'ont assiégé ; mais le Seigneur m'en a fait triompher.

Elles m'ont assiégé de toute part ; mais le Seigneur m'en a fait triompher.

Elles m'ont environné de tous côtés comme des abeilles irritées : elles m'ont attaqué comme un feu qui brûle dans des épines ; mais le Seigneur m'en a fait triompher.

Mon ennemi m'a poussé avec effort , & j'étois près de tomber ; mais le Seigneur m'a soutenu.

Le Seigneur est ma force , & le sujet de mes louanges ; c'est lui qui m'a sauvé.

Des cris de joie & de victoire retentissent dans les tentes des justes.

La droite du Seigneur a signalé sa force ; la droite du Seigneur a agi hautement en ma faveur : la droite du Seigneur a signalé sa force.

Je ne mourrai pas , mais je vivrai , & je raconterai les œuvres du Seigneur.

Le Seigneur m'a châtié sévérement ; mais il ne m'a pas livré à la mort.

*Circumdedérunt me sicut apes , & exarsérunt sicut ignis in spinis ; * & in nómine Dómini quia ultus sum in eos.*

*Impulsus , eversus sum ut cáderem ; * & Dóminus suscépit me.*

*Fortitúdo mea , & laus mea Dóminus , * & factus est mihi in salútem.*

*Vox exultatiónis & salútis * in tabernaculis justórum.*

*Déxtera Dómini fecit virtútem ; déxtera Dómini exaltávit me : * déxtera Dómini fecit virtútem.*

*Non móriar, sed vivam, * & narrábo ópera Dómini.*

*Castigans castigávit me Dñs : * & morti non trádidit me.*

*Aperíte mihi portas justítiæ : * ingressus in eas, confitébor Dómino.*

Ouvrez-moi les portes du sanctuaire de la justice : j'y entrerai pour rendre graces au Seigneur.

*Hæc porta Dómini : * justi intrábunt in eam.*

C'est-là la porte du Seigneur : les justes y entreront.

*Confitébor tibi, quóniam exaudísti me, * & factus es mihi in salútem.*

Je vous rendrai graces de ce que vous m'avez exaucé, & que vous êtes devenu mon Sauveur.

*Lápidem quem reprobavérunt ædificantes, * hic factus est in caput ánguli.*

La pierre que les architectes avoient rejettée, est devenue la principale pierre de l'angle.

*A Dómino factum est istud, * & est mirábile in óculis nostris.*

C'est l'ouvrage du Seigneur, & nos yeux le voient avec admiration.

*Hæc est dies quam fecit Dóminus : * exultémus & lætémur in ea.*

Voici le jour que le Seigneur a fait : célébrons-le avec des transports de joie.

*O Dómine, salvum me fac; ô Dómine, bene prosperáre : * benedíctus qui venit in nómine Dómini.*

Sauvez-moi, Seigneur; Seigneur, regardez moi favorablement: béni soit celui qui vient au nom du Seigneur.

*Benedíximus vobis de domo Dómini : * Deus Dómi-*

Nous qui sommes de la maison du Seigneur, nous vous bénissons, le

Seigneur est le vrai Dieu, & il a fait luire sur nous une nouvelle lumiére.

Rendez ce jour solemnel : liez & amenez la victime jusqu'aux cornes de l'autel.

Vous êtes mon Dieu, & je vous rendrai mes actions de graces : vous êtes mon Dieu, & je vous glorifierai.

Je vous rendrai graces de ce que vous m'avez exaucé, & que vous êtes devenu mon Sauveur.

Rendez gloire au Seigneur, parce qu'il est bon ; parce que sa miséricorde est éternelle.

Gloire au Pere.

nus, & illuxit nobis.

*Constitúite diem solemnem in condensis, * usque ad cornua altáris.*

*Deus meus es tu, & confitébor tibi : * Deus meus es tu, & exaltábo te.*

*Confitébor tibi, quóniam exaudísti me, * & factus es mihi in salútem.*

*Confitémini Dómino, quóniam bonus ; * quóniam in séculum misericórdia ejus.*

Glória Patri.

P S E A U M E 118.

HEureux ceux dont la conduite est pure, & qui réglent leurs démarches sur la loi du Seigneur.

Heureux ceux qui s'efforcent de connoître

*BEáti immaculáti in via, * qui ámbulant in lege Dómini.*

Beáti qui scrutantur testimónia e-

jus ; * in toto corde exquirunt eum.

Non enim qui operantur iniquitátem, * in viis ejus ambulavérunt.

Tu mandásti * mandáta tua custodíri nimis.

Utinam dirigantur viæ meæ, * ad custodiendas justificatiónes tuas !

Tunc non confundar, * cùm perspéxero in ómnibus mandátis tuis.

Confitébor tibi in directióne cordis ; * in eo quòd dídici judícia justítiæ tuæ.

Justificatiónes tuas custódiam : * non me derelinquas usquequáque.

In quo córrigit adolescentior viam

ses ordonnances, & qui le cherchent de tout leur cœur.

Car ceux qui commettent l'iniquité, ne marchent point dans ses voies.

Vous avez ordonné, Seigneur, que votre loi fût gardée très-exactement.

Daignez conduire mes pas de telle sorte qu'ils tendent tous à l'observation de vos commandemens.

Je ne tomberai pas dans la confusion, tant que j'aurai tous vos préceptes devant les yeux.

Je vous louerai dans la sincérité de mon cœur ; parce que j'ai été instruit de vos jugemens pleins de justice.

Je garderai vos ordonnances : ne m'abandonnez pas pour toujours.

Comment l'homme dans sa jeunesse pourrat-il rendre sa vie pure & innocente ? c'est en observant votre loi.

Je vous ai cherché de tout mon cœur ; ne permettez pas que je m'égare de la voie de vos ordonnances.

Je tiens vos paroles cachées dans mon cœur, afin que je ne vous offense point.

Vous êtes digne de toutes louanges, Seigneur : enseignez-moi votre loi.

J'annoncerai par-tout les ordonnances que votre bouche a publiées.

Je fais mes délices de l'accomplissement de votre loi, comme d'autres mettent leur bonheur dans la possession des richesses.

Je m'occuperai de vos préceptes, & je tiendrai mes yeux arrêtés sur les voies qui ménent à vous.

Je méditerai sur vos ordonnances, & je

*suam ? * in custodiendo sermónes tuos.*

*In toto corde meo exquisívi te ; * ne repellas me à mandátis tuis.*

*In corde meo abscondi elóquia tua, * ut non peccem tibi.*

*Benedíctus es, Dómine : * doce me justificatiónes tuas.*

*In lábiis meis * pronuntiávi ómnia judícia oris tui.*

*In via testimoniórum tuórum delectátus sum, * sicut in ómnibus divítiis.*

*In mandátis tuis exercébor, * & considerábo vias tuas.*

*In justificatiónibus tuis meditábor, **

non obliviscar ser-
mónes tuos.

n'oublierai pas vos pa-
roles.

DIVISION DU PSEAUME 118.

REtríbue servo
tuo , vivífica
me ; * & custódiam
sermónes tuos.

REpandez vos graces
sur votre serviteur:
faites que je vive , & que
je garde vos comman-
demens.

Revéla óculos
meos ; * & conside-
rábo mirabília de
lege tua.

Otez le voile qui cou-
vre mes yeux; afin que je
contemple les merveil-
les de votre loi.

Incola ego sum in
terra : * non abscon-
das à me mandáta
tua.

Je suis sur la terre
comme un voyageur &
un étranger : ne me ca-
chez pas la connoissance
de votre loi.

Concupívit áni-
ma mea desideráre
justificatiónes tuas *
in omni témpore.

Mon ame est toute
languissante du désir
dont elle brûle sans cesse
pour vos ordonnances.

Increpásti super-
bos : * maledícti qui
declínant à mandá-
tis tuis.

Vous châtiez les super-
bes : ceux qui se détour-
nent de vos commande-
mens, sont l'objet de vos
malédictions.

Aufer à me oppró-
brium & contemp-
tum ; * quia testimó-
nia tua exquisívi.

Eloignez de moi l'op-
probre & le mépris ;
puisque je cherche à
m'instruire de votre loi.

Etenim sedérunt

Je suis l'objet de la

raillerie des princes & des grands; mais votre serviteur ne s'occupe que de vos préceptes.

Car vos ordonnances sont le sujet de mes méditations, & vos préceptes sont mon conseil.

Mon ame est comme attachée à la terre ; redonnez moi la vie selon votre promesse.

Je vous ai toujours consulté sur mes entreprises, & vous m'avez fait entendre votre volonté: ne refusez pas de m'instruire de vos ordonnances.

Apprenez-moi à vivre selon vos préceptes ; & je méditerai sur les merveilles de votre loi.

Mon ame est tombée dans la langueur & l'ennui : fortifiez-moi selon votre promesse.

Détournez moi du chemin de l'iniquité , & donnez-moi par un effet

*principes, & adversùm me loquebantur ; * servus autem tuus exercebátur in justificatiónibus tuis.*

*Nam & testimónia tua meditatio mea est , * & consilium meum justificatiónes tuæ.*

*Adhæsit paviménto ánima mea ; * vivífica me secundùm verbum tuum.*

*Vias meas enuntiávi , & exaudísti me : * doce me justificatiónes tuas.*

*Viam justificatiónum tuárum ínstrue me ; * & exercébor in mirabílibus tuis.*

*Dormitávit ánima mea præ tædio: * confírma me in verbis tuis.*

*Viam iniquitátis ámove à me , * & de lege tua mi-*

ſerére meî.

de votre miſéricorde, la connoiſſance de votre loi.

*Viam veritátis elé-gi, * judícia tua non ſum oblítus.*

J'ai choiſi la voie de la vérité; & je n'ai point oublié vos jugemens.

*Adhæſi teſtimóniis tuis, Dómine: * noli me confúndere.*

Je me tiens attaché à vos commandemens, Seigneur: ne me laiſſez pas tomber dans la con-fuſion.

*Viam mandató-rum tuórum cucur-ri, * cùm dilataſti cor meum.*

Lorſque vous aurez dilaté mon cœur, je courrai avec joie dans la voie de vos préceptes.

Ant. 1. *D. Cor ſuum trádidit ad vi-gilandum dilúculo ad Dóminum: & apériens os ſuum in oratióne, pro deli-ctis deprecabátur.* Eccli. 39.

Ant. Il appliquoit ſon cœur, & veilloit dès le point du jour pour s'at-tacher au Seigneur: & ouvrant ſa bouche pour la priére, il imploroit la miſéricorde de Dieu ſur ſes propres péchés, & ſur ceux de ſon peuple.

CAPITULE. *Epheſ.* 5.

ERátis aliquan-do ténebræ; nunc autem lux in Dómino. Ut filii lu-cis ambuláte; fru-ctus enim lucis eſt in omni bonitáte, &

VOus étiez autrefois ténébres; mais à préſent vous êtes lumié-re en N. S. Conduiſez-vous donc comme des enfans de lumiére: or le fruit de la lumiére consiste en toute sorte de bonté, de justice & de vérité, & à reconnoître ce qui est agréable à Dieu.

℟. *br.* Jesus, Fils du Dieu vivant, * Ayez pitié de nous. *On répéte,* Jesus. ℣. Vous qui êtes le souverain Pasteur des brebis. * Ayez. Gloire au Pere. Jesus.

℣. Levez-vous, Seigneur, venez à notre secours ;

℟. Délivrez-nous pour la gloire de votre nom.

justítia & veritáte: probantes quid sit beneplácitum Deo.

℟. *br. Christe, Fili Dei vivi, * Miserére nobis.* On répéte, *Christe.* ℣. *Qui es Pastor magnus óvium, * Miserére. Glória. Christe.*

℣. *Exurge, Dómine, ádjuva nos ;*

℟. *Et rédime nos propter nomen tuum.* Ps. 43.

ORAISON.

SEigneur, Dieu toutpuissant, qui nous avez fait arriver au commencement de ce jour, conservez-nous aujourd'hui par votre puissance; afin que nous ne nous laissions aller à aucun péché, mais que toutes nos paroles, nos pensées & nos actions étant conduites par votre grace, nous accomplissions les

DOmine, Deus omnípotens, qui ad princípium hujus diéi nos perveníre fecísti, tuá nos hódie salva virtúte; ut ad nullum declinémus peccátum, sed semper ad tuam justítiam faciendam nostra procédant elóquia, dirigantur cogitatiónes

& ópera ; Per Dóminum nostrum. / régles de votre justice; Par notre Seigneur.

℣. Dóminus vobíscum. ℣. Benedicámus.

POUR L'OFFICE CAPITULAIRE.

℣. Pretiósa in conspéctu Dómini, / ℣. La mort des Saints du Seigneur,

℟. Mors Sanctórum ejus. Pf. 115. / ℟. Est précieuse à ses yeux.

SÁncta Maria, & omnes Sancti adjuvent nos in oratiónibus suis pro nobis ad Deum ; ut secundùm eum, qui vocávit nos, Sanctum, & ipsi in omni conversatióne sancti simus. ℟. Amen. Rom. 15. 1. Petr. 1.

QUe la sainte Vierge Marie, & tous les Saints nous accordent le secours de leurs priéres auprès de Dieu; afin que nous soyons saints dans toute la conduite de notre vie, comme celui qui nous a appellé est saint. ℟. Amen.

On dit trois fois :

℣. Deus, in adjutórium meum inténde : ℟. Dómine, ad adjuvándum me festína. Pf. 69. / ℣. O Dieu, venez à mon aide : ℟. Seigneur, hâtez-vous de me secourir.

Après la troisiéme fois, on ajoute :

Glória Patri, &c. / Gloire au Pere, &c.

Kyrie, eléïson. / Seigneur, ayez pitié de nous.

Christe, eléïson. / Jesus, ayez pitié de nous.

Kyrie, eléïson. / Seigneur, ayez pitié de nous.

Pater noster, &c. ℣. *Et ne nos indúcas*, &c.

℣. Seigneur, jettez les yeux sur vos serviteurs que vous avez créés ; & soyez vous-même le conducteur de leurs enfans : ℟. Que la lumiére du Seigneur notre Dieu se répande sur nous, & qu'elle nous éclaire dans toutes nos actions.

℣. *Réspice in servos tuos, Dómine, & in ópera tua ; & dírige fílios eórum :* ℟. *Et sit splendor Dómini Dei nostri super nos ; & ópera mánuum nostrárum dírige super nos, & opus mánuum nostrárum dírige.* Pf. 89.

Gloire au Pere, &c.

Glória Patri, &c.

Prions.

Orémus.

SEigneur notre Dieu, Roi du ciel & de la terre, daignez régler & sanctifier, conduire & gouverner en ce jour nos cœurs & nos corps, nos sentimens, nos paroles & nos actions, selon votre loi & dans l'obéissance à vos commandemens ; afin que nous soyons sauvés & délivrés en cette vie, & pendant l'éternité, par votre grace, ô Sauveur du monde ; Qui vivez & régnez dans tous les siécles des siécles. ℟. Amen.

DIrígere & sanctificáre, régere & gubernáre dignáre, Dñe Deus, Rex cœli & terræ, hódie corda & córpora nostra, sensus, sermónes & actus nostros, in lege tua & in opéribus mandatórum tuórum ; ut híc & in ætérnum, te auxiliánte, salvi & líberi esse mereámur, Salvátor mundi ; Qui vivis & regnas in sécula seculórum. ℟. Amen.

Le Lecteur dit :

Jube , domne , benedícere.

Mon Pere , donnez-moi votre bénédiction.

Bened. *Det Dñs leges suas in mentem noſtrã, & in corde noſtro superſcríbat eas.* ℟. *Amen.* Hebr. 8.

Bénéd. Que le Seigneur nous donne l'intelligence de ses loix saintes , & qu'il les grave dans notre cœur. ℟. Amen.

CANON.

Ex Concílio Medio-lanenſi secundo.

Du second Concile de Milan.

Tit. 1. Decreto 2. ann. 1569.

CUret Epiſcopus ut in síngulis Diœcéſis suæ óppidis ac vicis doctrínæ chriſtiánæ Sodálitas inſtituátur , quæ in múnere ipſos Párochos ádjuvet. Tu autem, Dómine, miſerére noſtrî. ℟. *Deo grátias.*

CHaque Evêque aura soin d'établir dans toutes les villes & les villages de son Diocéſe des confréries & des écoles de la doctrine chrétienne, pour soulager & aider les Curés dans l'exercice de leur miniſtére. Mais vous, Seigneur, ayez pitié de nous. ℟. Rendons graces à Dieu.

℣. *Adjutórium noſtrum in nómine Dñi.* ℟. *Qui fecit cœlum & terram.* Pſ. 123.

℣. Notre secours eſt dans le nom du Seigneur , ℟. Qui a fait le ciel & la terre.

Il dit enſuite d'une voix plus baſſe :

℣. *Benedicite ,* ℟. *Deus.*

℣. Béniſſez. ℟. Que Dieu nous béniſſe.

L'Officiant poursuit :

Que le Dieu de paix nous dispose à toute bonne œuvre ; afin que nous fassions sa volonté ; lui-même faisant en nous ce qui lui est agréable. ℟. Amen.

Deus pacis aptet nos in omni bono ; ut faciámus ejus voluntátem, fáciens in nobis quod pláceat coram se. ℟. *Amen.* Hebr. 13.

En finissant, on dit d'une voix basse :

Que par la miséricorde de Dieu, les ames des Fidéles réposent en paix. Amen.

Fidélium ánimæ per misericórdiam Dei requiéscant in pace. Amen.

A TIERCE.

[Les dispositions saintes avec lesquelles saint Charles offroit les sacrés Mystéres.]

℣. *Deus, in adjutórium, &c.*

HYMNE.

ESprit Saint, source féconde de l'amour divin, & l'origine des dons célestes ; venez par un effusion intime de vous - même, allumer votre feu sacré dans nos cœurs.

OFons amóris, Spíritus, O sancte donórum parens, Tuas refúsus íntimis Accende flammas córdibus.

Vous qui êtes l'amour

QUI caritátis

vínculo
Cum Patre neĉtis
*   Fílium ,*
Et nos amóris mú-
*   tui*
Arĉtis coapta néxi-
*   bus.*

éternel du Pere & du
Fils , & qui les uniſſez
par cet amour , uniſſez-
nous les uns aux autres
par le lien étroit d'une
charité mutuelle.

SIT *laus Patri , &c.* ci-devant, *p.* 78.

DU PSEAUME 118.

LEgem pone
mihi , *Dómi-*
ne , viam ju-
ſtificatiónum tuá-
*rum , * & exquíram*
eam ſemper.

Da mihi intelle-
ĉtum , & ſcrutábor
*legem tuam ; * &*
cuſtódiam illam in
toto corde meo.

Deduc me in ſémi-
tam mandatórum
*tuórum ; * quia ip-*
ſam vólui.

Inclína cor meum
*in teſtimónia tua , **
& non in avarí-
tiam.

Averte óculos
meos , ne vídeant

ENſeignez - moi ,
Seigneur , à vivre
ſelon vos comman-
demens ; afin que je les
garde juſqu'à la fin de
ma vie.

Donnez-moi l'intelli-
gence de votre loi ; afin
que je la médite , & que
je l'obſerve de tout mon
cœur.

Faites - moi marcher
dans la voie de vos pré-
ceptes ; car c'eſt tout ce
que je déſire.

Portez mon cœur à
l'obſervation de vos or-
donnances , & non pas
à l'avarice.

Détournez mes yeux
des objets de la vanité :

faites - moi vivre selon votre loi.

Affermissez votre loi dans le cœur de votre serviteur, en lui donnant la crainte de vous déplaire.

Eloignez de moi l'opprobre que j'appréhende ; puisque vos jugemens sont pleins de douceur.

Vous voyez que je ne désire que votre loi : faites - moi vivre selon votre justice.

Seigneur, exercez envers moi votre miséricorde : sauvez-moi selon vos oracles ;

Afin que j'aie de quoi répondre à ceux qui me reprochent que j'espére en vos paroles.

Et ne m'ôtez pas le moyen de défendre la fidélité de vos promesses ; puisque j'ai mis toute mon espérance dans vos jugemens.

*vanitátem : * in via tua vivífica me.*

*Státue servo tuo elóquium tuum * in timóre tuo.*

*Amputa oppróbrium meum quod suspicátus sum ; * quia judícia tua jucunda.*

*Ecce concupívi mandáta tua : * in æquitáte tua vivífica me.*

*Et véniat super me misericórdia tua, Dómine, * salutáre tuum secundùm elóquium tuum.*

*Et respondébo exprobrántibus mihi verbum ; * quia sperávi in sermónibus tuis.*

*Et ne áuferas de ore meo verbum veritátis usquequáque ; * quia in judíciis tuis supersperávi.*

Et custódiam legem tuam semper, * in séculum , & in séculum séculi.

Je garderai toujours votre loi; je la garderai éternellement.

Et ambulábam in latitúdine ; * quia mandáta tua exquisívi.

Je marcherai au large comme dans un chemin spacieux; parce que je ne cherche qu'à accomplir vos préceptes.

Et loquébar de testimóniis tuis in conspéctu regum , * & non confundébar.

Je parlerai de votre loi devant les rois , sans en rougir.

Et meditábar in mandátis tuis , * quæ dilexi.

Je méditerai sur vos ordonnances , qui sont l'objet de mon amour.

Et levávi manus meas ad mandáta tua quæ dilexi , * & exercébar in justificatiónibus tuis.

Je travaillerai à l'exécution de vos préceptes qui me sont si chers , & je m'occuperai de votre loi.

Du Pseaume 118.

MEmor esto verbi tui servo tuo, * in quo mihi spem dedísti.

SOuvenez-vous de la promesse que vous avez faite à votre serviteur , promesse qui m'a fait espérer en vous.

Hæc me consoláta est in humilitáte mea ; * quia elóquium tuum vivificávit me.

Cette promesse a été ma consolation dans mes maux ; & votre parole m'a rendu la vie.

Les superbes m'ont traité avec la derniére injustice, sans que je me sois détourné de votre loi.

Je me souviens des jugemens que vous avez exercés depuis le commencement du monde ; & j'y trouve ma consolation.

Je suis saisi d'horreur, en considérant l'état des méchans qui abandonnent votre loi.

Vos oracles me servent de cantiques de réjouissance dans le lieu de mon exil.

Seigneur, je me souviens de votre nom pendant la nuit ; & je garde votre loi.

Ces avantages me sont venus de ce que j'observe vos commandemens.

Seigneur, ai-je dit, mon partage est de garder votre loi.

J'implore votre assistance de tout mon cœur :

*Superbi iníquè agébant usquequáque ; * à lege autem tua non declinávi.*

*Memor fui judiciórum tuórum à século, Dómine ; * & consolátus sum.*

*Deféctio ténuit me * pro peccatóribus derelinquéntibus legem tuam.*

*Cantábiles mihi erant justificatiónes tuæ * in loco peregrinatiónis meæ.*

*Memor fui nocte nóminis tui, Dómine ; * & custodívi legem tuam.*

*Hæc facta est mihi, * quia justificatiónes tuas exquisívi.*

*Pórtio mea, Dómine, * dixi, custodíre legem tuam.*

Deprecátus sum fáciem tuam in toto corde

*corde meo ; * miserére meî secundùm elóquium tuum.*

ayez pitié de moi selon vos promesses.

*Cogitávi vias meas, * & convertí pedes meos in testimónia tua.*

J'ai fait réflexion sur mes démarches, & j'ai tourné mes pas vers la voie de vos préceptes.

*Parátus sum, & non sum turbátus, * ut custódiam mandáta tua.*

Je me suis hâté d'accomplir sans délai vos ordonnances.

*Funes peccatórum circumplexi sunt me; * & legem tuam non sum oblítus.*

J'ai été assiégé d'une troupe de méchans qui ont voulu me perdre ; sans que j'aie oublié votre loi.

*Médiâ nocte surgébam ad confitendum tibi * super judícia justificatiónis tuæ.*

Je me léve au milieu de la nuit pour vous louer sur l'équité de vos jugemens.

*Párticeps ego sum ómnium timéntium te, * & custodiéntium mandáta tua.*

Je suis lié d'affection & de société avec tous ceux qui vous craignent, & qui gardent vos commandemens.

*Misericórdiâ tuâ, Dómine, plena est terra : * justificatiónes tuas doce me.*

Toute la terre, Seigneur, est remplie des effets de votre bonté : ne me refusez pas de m'enseigner votre loi.

E

DIVISION DU PSEAUME 118.

SEigneur, vous avez traité favorablement votre serviteur selon vos promesses.

Donnez-moi le goût & le discernement du bien : donnez-moi la véritable science ; parceque je me fie pleinement à vos promesses.

J'ai été dans l'égarement avant que vous m'ayez humilié ; je me conduis maintenant selon vos paroles.

Vous êtes bon, & vous aimez à faire du bien ; enseignez-moi vos ordonnances.

L'injustice des superbes augmente tous les jours à mon égard ; mais je m'attacherai toujours à vos commandemens de tout mon cœur.

Leur cœur tout matériel est fermé à votre loi ; pour moi, j'en fais mes délices.

BOnitátem fecísti cum servo tuo, Dómine, * secúndùm verbum tuum.

Bonitátem & disciplínam, & sciéntiam doce me ; * quia mandátis tuis crédidi.

Priúsquam humiliárer, ego delíqui ; * proptereà elóquium tuum custodívi.

Bonus es tu ; * & in bonitáte tua doce me justificatiónes tuas.

Multiplicáta est super me iníquitas superbórum ; * ego autem in toto corde meo scrutábor mandáta tua.

Coagulátum est sicut lac cor eórum ; * ego verò legem tuam meditátus sum.

Bonum mihi quia humiliásti me, * ut discam justificatiónes tuas.

Il m'a été très-utile, pour apprendre vos préceptes, de tomber dans l'affliction.

Bonum mihi lex oris tui * super míllia auri & argenti.

La loi que vous nous avez donnée, m'est un plus grand trésor que des millions d'or & d'argent.

Manus tuæ fecérunt me, & plasmavérunt me : * da mihi intelléctum, & discam mandáta tua.

Vos mains m'ont créé, & m'ont formé : donnez-moi l'intelligence, afin que j'apprenne vos préceptes.

Qui timent te, vidébunt me, & lætabúntur ; * quia in verba tua supersperávi.

Ceux qui vous craignent, se réjouiront en voyant que vous m'avez protégé ; parce que j'aurai espéré en vos paroles.

Cognóvi, Dómine, quia æquitas judícia tua, * & in veritáte tua humiliásti me.

Je reconnois, Seigneur, que vos jugemens sont équitables, & que c'est avec justice que vous m'avez humilié.

Fiat misericórdia tua ut consolétur me, * secundùm elóquium tuum servo tuo.

Exercez maintenant votre miséricorde envers moi pour me consoler, selon la promesse que vous avez faite à votre serviteur.

Répandez les effets de votre bonté sur moi, & me rendez la vie ; puisque votre loi fait mes délices.

Que les superbes soient confondus de ce qu'ils m'ont persécuté injustement ; pour moi, je m'occuperai de vos ordonnances.

Que ceux qui vous craignent, & qui sont instruits de vos oracles, s'unissent à moi.

Faites-moi accomplir vos préceptes avec pureté de cœur, afin que je ne sois pas couvert de confusion.

Gloire au Pere, &c.

Ant. Se levant de grand matin, il offroit au Seigneur des holocaustes. Car il disoit en lui-même : Peut-être que ceux qui me sont confiés, seroient coupables de quelque péché contre Dieu. Ce qu'il faisoit & pratiquoit tous les jours.

*Véniant mihi miseratiónes tuæ, & vivam ; * quia lex tua meditátio mea est.*

*Confundantur superbi, quia injustè iniquitátem secérunt in me ; * ego autem exercébor in mandátis tuis.*

*Convertantur mihi timentes te, * & qui novérunt testimónia tua.*

*Fiat cor meum immaculátum in justificatiónibus tuis, * ut non confundar.*

Glória Patri, &c.
Ant. 2. D. *Consurgens dilúculo offerébat holocausta. Dicébat enim : Ne fortè peccáverint filii mei. Sic faciebat cunctis diébus.* Job. 1.

CAPITULE. *Hébr.* 5.

OMnis Póntifex ex homínibus assúmptus, pro homínibus constitúitur in iis quæ sunt ad Deŭ; ut ófferat dona & sacrifícia pro peccátis.

℟. br. *Circúmdabo altáre tuum*, *Dómine*, * *Allelúia*, *allelúia. Circúmdabo.* ℣. *In innocéntia mea*, * *Allelúia. Glória. Circúmdabo.* Pf. 25.

℣. *Mélior est dies una in átriis tuis* ℟. *Super míllia.* Pf. 83.

TOut Pontife étant pris d'entre les hommes, est établi pour les hommes en ce qui regarde le culte de Dieu ; afin qu'il offre des dons & des sacrifices pour les péchés.

℟. *br.* Seigneur, je me tiendrai assidu auprès de votre autel, * Alleluia, alleluia. Seigneur. ℣. Je n'en approcherai qu'avec un cœur pur & innocent, * Alleluia. Gloire. Seigneur.

℣. Un seul jour de demeure dans vos tabernacles. ℟. Vaut mieux que mille autres jours.

L'Oraison de la Messe.

A LA PROCESSION.

[Origine des Processions avant la Messe. Le Clergé alloit prendre l'Evêque, pour se rendre ensemble dans une Eglise que l'Evêque choisissoit, où on s'arrêtoit pour y offrir le Sacrifice, d'où est venu le mot de STATION. *C'est le sujet du Répons.*]

IN ascensu altáris sancti, glóriam dedit sanctitátis a-

LA modestie & la gravité de son extérieur relevoit l'éclat de ses vêtemens, lorsqu'il montoit au saint autel : * Il étoit alors environné de ses freres comme d'une couronne : ils étoient autour de lui comme des arbres plantés sur le mont Liban : † Tous les enfans d'Aaron étoient auprès de lui. ℣. Tout Pontife est établi pour offrir à Dieu des dons & des victimes. * Il étoit alors. Gloire au Pere. † Tous.

℣. Seigneur, j'adorerai dans votre saint temple, ℟. Et je publierai les louanges de votre nom.

Prions.

SEigneur Dieu éternel & tout-puissant, qui avez rendu saint Charles un Pontife digne d'honneur & de gloire, par le zéle avec lequel il a rempli toutes les fonctions de son ministére : faites par son intercession, que nous soyons

*mictum : * Et circa illum coróna fratrum, quasi plantátio cedri in monte Líbano ; sic † Circa illum stetérunt omnes filii Aaron. ℣. Omnis Póntifex ad offerendum múnera & hóstias constitúitur. * Et circa illum coróna fratrum. Glória Patri. † Circa. Eccli. 50. Hebr. 8.*

℣. *Adorábo ad templum sanctum tuum,* ℟. *Et confitébor nómini tuo, Dómine.* Ps. 137.

Orémus.

OMnípotens sempitérne Deus, qui beátum Cárolum Pontíficem pastoráli sollicitúdine gloriósum reddidísti : fac nos, quæsumus, ejus intercedéntibus méritis, in tuo semper amóre ferventes ; ut ad altáre tuum, unde dispensátur Víctima sancta quâ delétum est chirographum quod erat contrárium nobis, fiduciáliùs accedámus; Per eumdem Christum Dóminum nostrum.

℟. *Amen.*

toujours embrasés du feu de votre amour; afin que nous puissions avec plus de confiance nous présenter à cet autel où nous offrons le sang de la Victime qui a effacé la cédule de notre condamnation ; Nous vous en supplions par le même J. C. N. S.

A LA MESSE.

[On ne s'y propose aucun objet particulier ; mais on y reléve les actions les plus éclatantes de notre Saint comme Evêque.]

INTROÏT. *Ezech.* 34. *Pf.* 22.

Dlspersæ sunt oves meæ, eò quòd non esset pastor ; & factæ sunt in devoratiónem ómnium bestiárum; & non erat qui requíreret. Proptereà suscitábo super eas servum meum. *Pf. Dóminus regit me, & nihil mihi déerit : in loco páf-*

MEs brebis ont été dispersées, parce qu'elles n'avoient point de pasteur ; & elles sont devenues la proie de toutes les bétes sauvages, sans qu'il y eût personne qui se mît en peine de les chercher. C'est pourquoi je susciterai sur elles mon serviteur. *Pf.* Le Seigneur est mon

pasteur, je ne manque- | cuæ ibi me collocá-
rai de rien : il m'a placé | vit. *Glória Patri.*
dans d'excellens pâtura- | *Dispersæ sunt oves*
ges. Gloire. Mes brebis. | *meæ.*

COLLECTE.

REpandez, Seigneur, sur toute votre E-glise cet Esprit de grace dont vous avez rempli saint Charles ; afin que les fruits de votre trou-peau soient plus abon-dans, & que les Pasteurs en le conduisant selon vos ordres, deviennent eux-mêmes agréables à vos yeux : Nous vous en supplions par N. S. ... en l'unité du même Saint-Esprit.

MUltíplica, Dómine, in Ecclésia tua grátiæ Spíritum, quo beátum Cárolum Pontíficem implevísti ; ut & gregis tui profíciat ubíque succéssus, & grati fiant nómini tuo, te gubernante, Pastóres. Per Dóminum nostrum . . . . in unitáte ejusdem Spirítûs sanĉti.

[S'il est Dimanche, on en fait Mémoire, unis-
sant la Collecte du Dimanche avec celle de S.
Charles sous une même conclusion. On ne fait
point Mém. de la Toussaint, ni de S. Clair.]

EPITRE.

Lecture du Prophéte | Léĉtio Ezéchiélis
     Ezéchiel. | Prophétæ. C. 3.

EN ces jours-là ; Le Seigneur m'adressa la parole, & me dit : Fils

IN diébus illis ; Faĉtum est verbum Dómini ad me,

dicens : *Fili hóminis*
speculatórem dedi te
dómui Israel; & áu-
dies de ore meo ver-
bum , & annuntiá-
bis eis ex me. Si, di-
cente me ad ímpium:
Morte moriéris; non
annuntiáveris ei ,
neque locútus fúeris,
ut avertátur à via
sua ímpia, & vivat;
ipse ímpius in ini-
quitáte sua morié-
tur : sánguinem au-
tem ejus de manu
tua requíram. Si au-
tem tu annuntiáve-
ris impio ; & ille
non fúerit convérsus
ab impietáte sua ,
& à via sua ímpia ,
ipse quidem in ini-
quitáte sua morié-
tur : tu autem áni-
mam tuam liberásti.
Sed & si convérsus
justus à justítia sua
fúerit , & fécerit
iniquitátem , ponam
offendículum coram

de l'homme, je vous ai
donné pour sentinelle à
la maison d'Israël, vous
écouterez la parole de
ma bouche, & vous leur
annoncerez ce que vous
aurez appris de moi. Si
lorsque je dirai à l'im-
pie : Vous serez puni de
mort ; vous ne lui an-
noncez pas ce que je
vous dis , & si vous ne
lui parlez pas , afin qu'il
se détourne de la voie
de son impiété , & qu'il
vive , l'impie mourra
dans son iniquité ; mais
je vous redemanderai
son sang. Que si vous
annoncez la vérité à
l'impie , & qu'il ne se
convertisse point de son
impiété , & ne quitte
point sa voie impie , il
mourra dans son iniqui-
té : mais pour vous, vous
aurez délivré votre ame.
Que si le juste abandon-
ne sa justice , & qu'il
commette l'iniquité , je
mettrai devant lui une

pierre d'achoppement ; il mourra, parceque vous ne l'avez pas averti. Il mourra dans son péché ; & la mémoire de toutes les actions de justice qu'il avoit faites, sera effacée : mais je vous redemanderai son sang. Que si vous avertissez le juste, afin qu'il ne péche point, & qu'il ne tombe point dans le péché ; il vivra de la vraie vie, parce que vous l'aurez averti : & vous aurez ainsi délivré votre ame.

eo ; ipse moriétur, quia non annuntiásti ei. In peccáto suo moriétur ; & non erunt in memória justítiæ ejus, quas fecit: sánguinem veró ejus de manu tua requíram. Si autem tu annuntiáveris justo ut non peccet justus, & ille non peccáverit ; vivens vivet, quia annuntiásti ei : & tu ánimam tuam liberásti.

GRADUEL. 3. *Reg.* 19. I*s.* 6.

JE brûle de zéle pour vous, Seigneur Dieu des armées ; parce que les enfans d'Israël ont abandonné votre allian-ce. ℣. Ayant entendu le Seigneur qui disoit : Qui enverrai-je, & qui ira porter mes paroles ? Me voici, dis-je alors ; en-voyez-moi.

Zelo zelátus sum pro Dómino Deo exercítuum ; quia dereliquérunt pactum tuum filii Israel. ℣. Audívi vocem Dómini dicentis : Quem mittam, & quis ibit nobis ? Et dixi : Ecce ego ; mitte me.

Allelúia , allelúia.

℣. *Abundántiùs ómnibus laborávi; non ègo autem , sed grátia Dei mecum. Allelúia.* 1. Cor. 15.

℣. J'ai travaillé plus que tous les autres ; non pas moi toutefois, mais la grace de Dieu avec moi. Alleluia.

PROSE.

QUæ te plaga
vulnerávit,
*Virgo Sion fília ?
Est-ne membrum ti-
bi sanum ?
Quis tuí medébi-
tur ?*

TOT *curandis
míssus morbis
Suscitátur Cárolus:
Peccatóres inter vi-
vens
Pietátem róborat.*

NON *vocat hunc
vota carnis
Audiens avúncu-
lus :
Est Dei vox quæ re-
gendæ
Præficit Ecclésiæ.*

QUI *sacras opes
& sese
Régere jam dídicit,*

DE quelle horrible plaie êtes - vous trappée , fille de Sion ? reste-t-il en vous quelque chose de sain? Quel sera le médecin qui vous guérira ?

C'est Charles que Dieu envoie pour vous guérir : ce sera lui qui vivant au milieu des pécheurs , fera revivre la solide piété.

Sa mission ne sera point l'ouvrage d'un oncle qui n'a sur lui que des vûes de chair & de sang : c'est la voix de Dieu mêmequi l'appelle pour gouverner l'Eglise de Milan.

Ce serviteur prudent & fidéle , formé dès son enfance à faire un saint

usage des biens de l'E-
glise, & accoutumé à se
conduire toujours lui-
même selon les régles,
soumettra sans peine les
autres à celles qu'il leur

Prudens servus &
fidélis
Videt cuncta súb-
dita.

prescrira.

Au moment où il se
voit revêtu de la pour-
pre, il se dévoue à la plus
rigoureuse pénitence :
il voudroit pouvoir la
teindre de nouveau par
l'effusion de son sang.

Ut decórâ res-
plendescit
Luce fulgens púrpu-
ra,
Innocens quam ca-
stigáti
Tingit cruor córpo-
ris!

Il est pour les pécheurs
un modéle de pénitence:
il est pour les justes un
modéle accompli de la
vie la plus innocente.
Ministres du Seigneur,
apprenez de lui à servir
utilement l'Eglise. Peu-
ple, apprenez de lui tout
ce que vous devez pratiquer.

Pœnitentis &
intactæ
Vitæ formam éxhi-
bet.
Disce quà profis,
Sacerdos,
Disce, plebs, quod
exprimas.

Dans la conduite de
son Eglise, il n'a point
recours à la prudence
charnelle & terrestre :
il ne consulte dans tout
ce qu'il fait, que la sa-
gesse qui vient du Ciel.

Non humánis
sponsæ Christi
Res gerit consíliis:
Cónsulit guberna-
trícem
Cœli sapiéntiam.

A D E S T turbæ con-
gregátæ
Invocátus Spíritus :
Totus jam fugátur
error ,
Et restóret píetas.

C U J U S dux fuit
ferendæ ,
Primus implet ré-
gulam :
Quod Patrum de-
creta tradunt ,
Docet vita Cároli.

C L E R U M sanctis,
quibus paret ,
Dum gubernat lé-
gibus ;
Nec deest amor fra-
ternus ,   [tas.
Nec patris auctóri-
O V E S pascit , imò
caros
Mater fovet fílios :
Vitam illis vitæ fer-
vat
Própriæ dispéndio.

A N I M A R U M pro
salúte

Le Saint-Esprit invo-
qué anime tout le Con-
cile assemblé à Trente :
déja l'erreur est mise en
fuite ; & la solide piété
reprend un nouveau lu-
stre.

Charles observe le
premier les loix saintes
qu'il y a fait établir : il
retrace dans toute sa
conduite les décrets por-
tés par la sagesse des
Peres de cette auguste
assemblée.

Quand pour régler
son Clergé selon les loix
qu'il observe lui même,
il fait usage de son autorité de pere ; il montre
toujours l'amour d'un
frere.

Il ne borne pas son
devoir de pasteur à nour-
rir son troupeau : il veut
encore avoir pour lui la
tendresse d'une mere, en
lui conservant la vie aux
dépens de la sienne.

Mais c'est avec bien
plus d'ardeur qu'il s'im-

mole pour le salut de son troupeau : en bon pasteur, il consent volontiers d'être victime pour délivrer les coupables.

Se litat libéntiùs :
Se cruentam Pastor bonus
Pro reis dat victimam.

On reconnoît qu'il est Ministre de Dieu, par sa patience sans bornes ; qu'il est censeur inexorable du vice, par la haine que lui portent les méchans : mais il ne s'en venge que par l'amour qu'il a pour eux.

Exhibet *Dei ministrum*
Multa patiéntia :
Odio fit censor verus ;
Amat queis est ódio.

Les rois le craignent, les peuples le respectent ; parce qu'il préfere aux grandeurs du siécle les ignominies de la croix.

Regibus *ut sit terróri ,*
Cunctis reveréntiæ ;
Séculi thesauris præfert
Crucis impropérium.

Seigneur, qui par votre grace avez rendu ce saint Pontife un puissant médiateur dans les jours de votre colére, accordez-nous, par son intercession, des jours de paix.

Factus *in diébus iræ*
Reconciliátio ,
Dies pacis nobis Præsul
A te, Deus, impetret.

Embrasez - nous du zéle de la gloire de votre maison : donnez-nous le courage nécessaire pour

Ustos *zelo domûs tuæ*
Da malis obsiste-re :

Queis non póssumus medéri,
Da ferentes gémere.
Amen.

Sequéntia sancti Evangélii secundùm Joannem.

IN illo témpore ; Dixit Jesus Pharisæis : Qui inirat per óstium, pastor est óvium. Huic ostiárius áperit ; & oves vocem ejus áudiunt : & próprias oves vocat nominátim, & edúcit eas. Et cùm proprias oves emíserit, ante eas vadit : & oves illum sequuntur, quia sciunt vocem ejus. Aliénum autem non sequuntur, sed fúgiunt ab eo ; quia non novérunt vocem alienórum. Hoc provérbium dixit eis Jesus ; illi autem non cognovérunt quid lo-

résister au mal, ou du moins la patience pour supporter, en gémissant, celui que nous ne pouvons réprimer.

Suite du saint Evangile selon saint Jean.

Ch. 10.

EN ce tems-là ; Jesus dit aux Pharisiens : Celui qui entre par la porte dans la bergerie, est le pasteur des brebis. C'est à celui-là que le portier ouvre ; & les brebis entendent sa voix : il appelle ses propres brebis par leur nom, & il les fait sortir. Et lorsqu'il a fait sortir ses propres brebis, il va devant elles : & les brebis le suivent, parce qu'elles connoissent sa voix. Elles ne suivent point un étranger, parce qu'elles ne connoissent point la voix des étrangers. Jesus leur dit cette parabole ; mais ils n'entendirent point de quoi il leur parloit. Jesus leur dit donc encore : En vérité, en vérité je vous le dis ; je suis la porte des brebis. Tous ceux qui sont venus avant moi, sont des voleurs & des larrons ; & les brebis ne les ont point écoutés. Je suis la porte. Si quelqu'un entre par moi, il sera sauvé, il entrera, il sortira, & il trouvera des pâturages. Le voleur ne vient que pour voler, pour égorger & pour perdre. Mais pour moi, je suis venu, afin que les brebis aient la vie, & qu'elles l'aient abondamment. Je suis le bon Pasteur. Le bon Pasteur donne sa vie pour ses brebis. Mais le mercénaire, & qui n'est point pasteur, à qui les brebis n'appartiennent pas, ne voit pas sitôt venir le loup, qu'il abandonne ses brebis, & s'enfuit ; & le loup les ravit, & disperse le trou-

querétur eis. Dixit ergo eis iterùm Jesus : Amen, amen dico vobis, quia ego sum óstium óvium. Omnes quotquot venérunt, fures sunt & latrónes ; & non audiérunt eos oves. Ego sum óstium. Per me si quis introíerit, salvábitur, & ingrediétur, & egrediétur, & páscua invéniet. Fur non venit nisi ut furétur, & mactet, & perdat. Ego veni ut vitam habeant, & abundántiùs hábeant. Ego sum Pastor bonus. Bonus Pastor ánimam suam dat pro óvibus suis. Mercenárius autem, & qui non est pastor, cujus non sunt oves própriæ, videt lupum veniéntem, & dimittit oves, & fugit; & lupus rapit

& dispergit oves. Mercenárius autem fugit ; quia mercenárius est, & non pértinet ad eum de óvibus. Ego sum Pastor bonus ; & cognosco meas, & cognoscunt me meæ. Sicut novit me Pater, & ego agnosco Patrem;& ánimam meam pono pro óvibus meis.

peau. Or le mercénaire s'enfuit ; parce qu'il est mercénaire, & qu'il ne se met point en peine des brebis. Je suis le bon Pasteur ; & je connois mes brebis, & mes brebis me connoissent : comme mon Pere me connoît, & que je connois mon Pere ; & je donne ma vie pour mes brebis.

Credo. Il se dit pendant toute l'Octave.

OFFERTOIRE. 2. Reg. 24.

Obtulit holocausta & pacífica ; & propitiátus est Dóminus terræ : & cohibita est plaga.

Ayant offert des holocaustes & des hosties pacifiques, le Seigneur se réconcilia avec Israël, & fit cesser la plaie dont il avoit frappé son peuple.

SECRETE.

DA nobis, quæsumus, Dómine, purificátis semper méntibus, tuæ pietátis celebráre mystéria, quæ beátus Cárolus tan-

NOus vous prions, Seigneur, de nous accorder toujours cette pureté de cœur si nécessaire pour vous offrir le sacré mystére de votre amour, que saint Charles a célébré ici-bas avec les plus vifs sentimens de foi & de religion : Nous vous en supplions par N. S. J. C.

tâ fide & religióne tractavit ; Per Dóminum nostrum Jesum Christum Fílium tuum.

PRÉFACE.

(On la dit pendant toute l'Octave, à moins qu'il ne soit autrement marqué.)

℣. Dans tous les siécles des siécles.

℣. *Per ómnia sécula seculórum.*

℞. Amen.

℞. *Amen.*

℣. Le Seigneur soit avec vous, ℞. Et avec votre esprit.

℣. *Dóminus vobíscum,* ℞. *Et cum spíritu tuo.*

℣. Elevez vos cœurs. ℞. Nous les tenons élevés vers le Seigneur.

℣. *Surfum corda.* ℞. *Habémus ad Dóminum.*

℣. Rendons graces au Seigneur notre Dieu. ℞. Il est juste & raisonnable de le faire.

℣. *Grátias agámus Dómino Deo nostro.* ℞. *Dignum & justum est.*

IL est véritablement juste & raisonnable, il est équitable & salutaire de vous rendre graces en tout tems & en tout lieu, Seigneur très-saint, Pere tout-puissant, Dieu éternel, par Jesus Christ notre Seigneur; C'est par

VEre dignum & justum est, æquum & salutáre, nos tibi semper & ubíque grátias ágere, Dómine sancte, Pater omnipotens, æterne Deus, per Christum Dóminum *noſtrum ; Cujus múnere ſanctus Póntifex Cárolus ſciéntiæ documentis replétus , & váriis virtútum ornamentis ditátus, quod verbis dócuit , ópere complévit : & ita multímodo génere pietátis imbútus eſt , ut & ipſe tibi ara & ſacrificium, & Sacerdos eſſet & templum. Et ídeò cum Angelis & Archägelis, cum Thronis & Dominatiónibus , cumque omni milítia cœleſtis exércitûs , hymnum glóriæ tuæ cánimus , ſine fine dicentes: Sanctus, &c.*

sa grace que le saint Pontife Charles, inſtruit de la ſcience du ſalut, & orné de toutes les vertus Epiſcopales , a pratiqué le premier ce qu'il a enſeigné aux autres : c'eſt par ſa grace qu'après avoir été élevé à la plus haute piété , il eſt devenu tout à la fois votre autel & votre victime , votre Prêtre & votre temple. C'eſt pourquoi nous nous uniſſons aux Anges & aux Archanges, aux Trônes, aux Dominations, & à toute l'armée céleſte pour chanter un cantique à votre gloire , & diſant ſans ceſſe : Saint, Saint, Saint.

COMMUNION. 1. *Joan.* 3.

In hoc cognóvimus caritátem Dei, quóniam Chriſtus ánimam ſuam pro nobis póſuit ; & nos debémus pro frátribus ánimas pónere.

Nous avons reconnu l'amour de Dieu envers nous, en ce que Jeſus-Chriſt a donné ſa vie pour nous ; & nous devons donner auſſi notre vie pour nos freres.

POSTCOMMUNION.

SEigneur, qui avez rendu saint Charles si recommandable par sa vigilance pastorale, & par la pratique de toutes les vertus : faites par le mérite du sacrement auquel nous avons eu le bonheur de participer, que nous devenions en tout ses parfaits imitateurs : Nous vous en supplions par N. S. J. C.

DEus, qui beátum Cárolum Pontíficem pastorális officii vigilántiâ, & præcláris ómnium virtútum méritis sublimásti : da nobis, hujus virtúte sacraménti, ut ipsum sincéris óperum frúctibus imitémur ; Per Dóminum nostrum.

A SEXTE.

[La tendre reconnoissance de saint Charles pour les biens qu'il recevoit de la main du Seigneur.]

℣. *Deus, in adjutórium, &c.*

HYMNE.

LE soleil maintenant dans tout son éclat, remplit la terre de la plus vive lumiére : il déploie toute l'étendue de sa gloire, & lance de toutes parts ses rayons brûlans.

JAm solis excelsum jubar Toto coruscat lúmine ; Sinúsque pandens aureos, Igníta vibrat spécula.

O Jesus, qui êtes le soleil de justice, & le

TU, Christe, qui mundum nová,

Sol verus, accendis face,	véritable flambeau du monde, faites que le feu de votre amour croissant en nous de plus en plus, s'éléve jusqu'à la perfection de la charité.
Fac noſtra plenam cáritas	
Creſcendo ſurgat ad diem.	

SIT *laus, &c.* ci-devant, *pag.* 78.

DU PSEAUME 118.

Défécit in ſalutáre tuum ánima mea* & in verbum tuum ſuperſperávi.	MOn ame languit dans l'attente de votre ſecours ſalutaire, & j'eſpére en vos promeſſes.
Defecérunt óculi mei in elóquium tuum, dicentes;* Quando conſoláberis me?	Mes yeux ſont languiſſans à force d'attendre le ſecours que vous m'avez promis; ils vous diſent: Quand me conſolerez-vous?
Quia factus ſum ſicut uter in pruína;* juſtificatiónes tuas non ſum oblítus.	Je ſuis devenu auſſi ſec qu'une peau expoſée à la gelée; mais je n'ai point oublié vos ordonnances.
Quot ſunt dies ſervi tui?* quando fácies de perſequéntibus me judícium?	Combien de jours reſte-t-il encore à votre ſerviteur? quand exercerez-vous votre juſtice ſur ceux qui me perſécutent?
Narravérunt mi-	Les méchans m'ont

conté des fables ; & ce qu'ils disent est bien contraire à votre loi.

Toutes vos ordonnances sont la vérité même : les hommes me persécutent injustement, secourez moi.

Peu s'en est fallu qu'ils ne m'aient fait perir sur la terre ; mais je n'ai point abandonné pour cela vos préceptes.

Rendez - moi la vie par votre bonté, & je garderai les ordonnances de votre bouche.

* Votre parole, Seigneur, subsiste éternellement dans le ciel.

Votre vérité passe de siécle en siécle : vous avez affermi la terre, & elle demeure inébranlable.

Les jours se suivent dans l'ordre que vous leur avez marqué ; car tout vous obéit.

Si votre loi n'avoit fait

*hi iniqui fabulatiónes ; * sed non ut lex tua.*

*Omnia mandáta tua véritas : * iníquè persecúti sunt me, ádjuva me.*

*Paulóminùs consummavérunt me in terra ; * ego autem non derelíqui mandáta tua.*

*Secundùm misericórdiam tuam vivífica me, * & custódiam testimónia oris tui.*

*In ætérnum, Dómine, * verbum tuum pérmanet in cœlo.*

*In generatiónem & generatiónem véritas tua : * fundásti terram, & pérmanet.*

*Ordinatióne tuâ persevérat dies ; * quóniam ómnia sérviunt tibi.*

Nisi quòd lex tua

meditátio mea est, * *tunc forte periíssem in humilitáte mea.*

In ætérnum non obliviscar justificatiónes tuas; * *quia in ipsis vivificásti me.*

Tuus sum ego, salvum me fac; * *quóniam justificatiónes tuas exquisívi.*

Me exspectavérunt peccatóres ut pérderent me: * *testimónia tua intelléxi.*

Omnis consummatiónis vidi finem * *latum mandátum tuum nimis.*

mes délices, il y a long-tems que j'aurois suc-combé à mon affliction.

Je n'oublierai jamais votre loi; parce que c'est par elle que vous m'a-vez rendu la vie.

Sauvez-moi, puisque je suis tous à vous, & que je ne cherche que votre loi.

Les pécheurs m'atten-dent pour me perdre; mais je me suis occupé de l'intelligence de vos ordonnances.

J'ai reconnu que les choses les plus parfaites avoient des bornes; mais l'étendue de votre loi est infinie.

DIVISION DU PSEAUME 118.

QUómodo diléxi legem tuam, *Dómine!* * *totâ die meditátio mea est.*

Super inimícos meos prudéntem me fecísti mandáto tuo; *

QUe j'aime votre loi, Seigneur! elle est le sujet de mes médi-tations durant le jour.

Votre loi m'a rendu plus sage que mes enne-mis; parce que je l'ai sans cesse devant les yeux.

Je suis devenu plus intelligent que tous mes maîtres, parce que je médite sur vos ordonnances.

Je suis devenu plus prudent que les vieillards, parce que j'étudie vos préceptes.

Je m'éloigne de toute voie qui conduit au mal; afin d'accomplir vos ordonnances.

Je ne m'écarte point de votre loi, parce que vous me l'avez donnée pour régle.

Que vos oracles sont pour moi pleins de douceur ! ils le sont plus à mon ame, que le miel ne l'est à ma bouche.

Vos préceptes me rendent intelligent : c'est pourquoi je déteste tous les détours de l'iniquité.

Votre parole est la lampe qui éclaire mes pas, & la lumiere qui

quia in æternum mihi est.

*Super omnes docentes me intellexi, * quia testimónia tua meditátio mea est.*

*Super senes intellexi, * quia mandáta tua quæsívi.*

*Ab omni via mala prohíbui pedes meos; * ut custódiam verba tua.*

*A judíciis tuis non declinávi , * quia tu legem posuísti mihi.*

*Quàm dúlcia fáucibus meis elóquia tua ! * super mel ori meo.*

*A mandátis tuis intellexi : * proptereà odívi omnem viam iniquitátis.*

*Lucerna pédibus meis verbum tuum , * & lumen*

men sémitis meis.

luit dans les sentiers où je marche.

Jurávi & státui * custodíre judícia justítiæ tuæ.

J'ai juré & résolu de garder les ordonnances de votre justice.

Humiliátus sum usquequáque, Dómine : * vivífica me secundùm verbum tuum.

Mon affliction & ma misere est extrême : redonnez-moi la vie, Seigneur, selon votre promesse.

Voluntária oris mei beneplácita fac, Dómine ; * & judícia tua doce me.

Agréez, Seigneur, les sacrifices que ma bouche & mon cœur vous offrent ; enseignez - moi vos commandemens.

Anima mea in mánibus meis semper, * & legem tuam non sum oblítus.

Mon ame est toujours en danger de m'être ravie ; mais je n'oublie pas votre loi.

Posuérunt peccatóres láqueum mihi, * & de mandátis tuis non errávi.

Les méchans me tendent des piéges pour me perdre ; mais je ne m'écarte pas de vos ordonnances.

Hæreditáte acquisívi testimónia tua in æternum, * quia exultátio cordis mei sunt.

J'ai pris vos préceptes pour être à jamais mon partage, parce qu'ils font la joie de mon cœur.

Inclinávi cor meum ad faciendas justifi-

Tous les desirs de mon ame se portent à ne

jamais m'écarter de vos ordonnances, à cause de la récompense.

DIVISION DU PSEAUME 118.

JE hai les injustes, & j'aime votre loi.

Vous êtes mon refuge & mon protecteur ; & je mets mon espérance dans vos paroles.

Retirez-vous de moi, méchans ; & j'approfondirai les préceptes de mon Dieu.

Fortifiez-moi selon vos promesses, & conservez-moi la vie ; afin que je ne sois pas confondu dans mes espérances.

Aidez-moi, & je serai sauvé ; & je ne m'occuperai que de la méditation de vos ordonnances.

Vous rejettez avec mépris ceux qui s'égarent de vos commandemens ; parce que leurs pensées sont injustes.

cationes tuas in æternum, * propter retributiónem.

INiquos ódio hábui, * & legem tuam dilexi.

Adjútor & suscéptor meus es tu ; * & in verbum tuum supersperávi.

Declináte à me, maligni ; * & scrutábor mandáta Dei mei.

Súscipe me secúndum elóquium tuum, & vivam ; * & non confundas me ab expectatióne mea.

Adjuva me, & salvus ero ; * & meditábor in justificatiónibus tuis semper.

Sprevísti omnes discedentes à judíciis tuis ; * quia injusta cogitátio eórum.

*Prævaricántes re-
putávi omnes pec-
catóres terræ ; *
ídeò dilexi testimó-
nia tua.*

*Confige timóre tuo
carnes meas ; * à
judíciis enim tuis
tímui.*

*Feci judícium &
justítiam : * non
tradas me calum-
niántibus me.*

*Súscipe servum
tuum in bonum : *
non calumnientur
me superbi.*

*Oculi mei defe-
cérunt in salutáre
tuum, * & in eló-
quium justítiæ tuæ.*

*Fac cum servo
tuo secundùm mise-
ricórdiam tuam , *
& justificatiónes
tuas doce me.*

*Servus tuus sum
ego : * da mihi in-
telléctum, ut sciam
testimónia tua.*

J'ai regardé tous les pé-
cheurs comme des pré-
varicateurs : c'est ce qui
fait que je m'attache de
plus en plus à votre loi.

Percez ma chair de
votre crainte, & que je
sois saisi de frayeur à la
vue de vos jugemens.

J'ai gardé la justice
& l'équité : ne m'aban-
donnez pas à mes ca-
lomniateurs.

Affermissez votre servi-
teur dans le bien ; & que
les superbes ne m'acca-
blent pas de calomnies.

Mes yeux sont languis-
sans à force d'attendre
votre secours, & l'exé-
cution des oracles de
votre justice.

Traitez votre servi-
teur avec bonté, & en-
seignez-moi vos ordon-
nances.

Je suis votre serviteur :
donnez-moi l'intelligen-
ce, afin que je connoisse
vos préceptes.

Seigneur, il est tems que vous agissiez : ils ont anéanti votre loi.

C'est ce qui me porte à aimer votre loi plus que l'or & les pierreries les plus précieuses.

C'est ce qui fait que je me régle en tout selon votre loi, & que je hai toutes les voies de l'iniquité.

Ant. Dieu soit loué pour le don ineffable qu'il nous a fait,

CAPITULE.

JE rends graces à notre Seigneur Jesus-Christ qui m'a fortifié ; de ce qu'il m'a jugé un serviteur digne d'étre employé dans le saint ministére.

℞. *b.* Je m'acquitterai des vœux que j'ai faits au Seigneur, * Alleluia, alleluia. Je m'acquitterai. ℣. Parce qu'il a rempli de biens mon ame qui étoit affamée, * Alleluia. Gloire. Je.

*Tempus faciendi, Dómine : * dissipavérunt legem tuam.*

*Ideò dilexi mandáta tua * super aurum & topázion.*

*Proptérea ad ómnia mandáta tua dirigébar, * omnem viam iníquam ódio hábui.*

Ant. 5. a. *Grátias Deo super inenarrábili dono ejus.* 2. Cor. 9.

1. *Tim.* 1.

GRátias ago ei qui me confortavit, Christo Jesu Dómino nostro; quia fidélem me existimávit, ponens in ministério.

℞. br. *Vota mea * Dómino reddam, Allelúia, allelúia. Vota mea. ℣. Animam esurientem * satiávit bonis, * Allelúia. Glória. Vota.*

Ps. 115 & 106.

℣. *Magnificáte Dóminum mecum :* ℟. *Semper laus ejus in ore meo.* Pf. 33.	℣. Célébrez avec moi la magnificence du Seigneur : ℟. Ma bouche publiera continuellement ses louanges.

L'Oraiſon de la Meſſe.

A NONE.

[S. Charles ſe retire au Mont-Varal : ſa piété envers les myſtéres ſacrés de la Paſſion de notre Seigneur Jeſus-Chriſt.]

℣. *Deus, in adjutórium, &c.*

HYMNE.

LABENTE *jam ſolis rotâ,* Inclínat in noctem dies : [cito Sic vita ſupremam Feſtínat ad metam gradu.	**L**E ſoleil ſur ſon déclin annonce la nuit prochaine par l'affoibliſſement de ſa lumiére ; c'eſt ainſi que notre vie s'avance d'un pas précipité vers ſa fin.
Ô Chriſte, *dum fixus cruci* Expandis orbi bráchia, Amáre da crucem; tuo Da nos in amplexu mori.	Divin Sauveur, qui, les mains étendues ſur la croix, appellez à vous le monde entier : faites que nous aimions ſincérement la croix; & qu'unis à vous juſqu'au dernier ſoupir, nous expirions entre vos bras.

SIT *laus Patri, &c.* ci-devant, *p.* 78.

Du Pseaume 118.

VOs ordonnances sont admirables ; c'est ce qui porte mon ame à les méditer.

Mal ília te-limónia tua ; * ídeò scrutá a est ea ánima mea.

L'explication de votre loi porte la lumiére dans les cœurs, & donne l'intelligence aux petits.

Declarátio sermónum tuórum illúminat , * & intelléctum dat párvulis.

Preslé du désir & de l'amour de votre loi , je soupire sans cesse après le bonheur de l'accomplir.

Os meum apérui, & attraxi spíritum ; * quia mandáta tua desiderábam.

Jettez sur moi des regards de miséricorde , selon que vous avez coutume de faire envers ceux qui aiment votre nom.

Aspice in me, & miserére meî , * secundùm judícium diligéntium nomen tuum.

Réglez mes pas sur votre loi; afin qu'aucune iniquité ne domine en moi.

Gressus meos dírige secundùm elóquium tuum ; * & non dominétur mei omnis injustítia.

Délivrez-moi des calomnies des hommes ; afin que je garde vos commandemens.

Rédime me à calúmniis hóminum ;* ut custódiam mandáta tua.

Fáciem tuam illúmina super servum tuum, * & doce me justificatiónes tuas.

Exitus aquárum deduxérunt óculi mei ; * quia non custodiérunt legem tuam.

Justus es, Dómine, * & rectum judícium tuum.

Mandásti justítiam testimónia tua, * & veritátem tuam nimis.

Tabéscere me fecit zelus meus ; * quia oblíti sunt verba tua inimíci mei.

Ignítum elóquium tuum vehementer; * & servus tuus diléxit illud.

Adolescentulus sum ego, & contemptus ; * justificatiónes tuas non sum oblítus.

Faites luire sur votre serviteur la lumiére de votre visage ; enseignez-moi vos ordonnances.

Mes infidélités dans l'observation de votre loi me font verser des torrens de larmes.

Vous êtes juste, Seigneur, & vos arrêts sont équitables.

Vos commandemens font la justice & la vérité même ; & c'est avec raison que vous en ordonnez l'observation.

Mon zéle me fait sécher de douleur, de ce que mes ennemis ont oublié vos paroles.

Votre parole est pure comme l'or qui a passé par le feu; c'est pourquoi votre serviteur l'aime.

Je suis jeune & méprisé ; néanmoins je n'oublie pas vos préceptes.

Votre justice est la justice éternelle ; & votre loi est la vérité même.

L'affliction & l'amertume sont venues fondre sur moi ; mais vos oracles sont l'objet de mes méditations.

Vos commandemens sont la justice éternelle : donnez - m'en l'intelligence, & je vivrai.

*Justítia tuá, justítia in æternum; * & lex tua véritas.*

*Tribulátio & angústia invenérunt me : * mandáta tua meditátio mea est.*

*Æquitas testimónia tua in æternum : * intelléctum da mihi, & vivam.*

DIVISION DU PSEAUME 118.

SEigneur, je crie vers vous de tout mon cœur : exaucez-moi, & je ne m'occuperai que de vos ordonnances.

Je crie vers vous, sauvez - moi ; afin que j'observe vos commandemens.

Je préviens le lever de l'aurore pour vous adresser mes priéres & mes cris ; parce que je mets toutes mes espérances en vos promesses.

Mes yeux préviennent les sentinelles qui veil-

CLamávi in toto corde meo, exaudi me, Dómine : * justificatiónes tuas requíram.

*Clamávi ad te, salvum me fac; * ut custódiam mandáta tua.*

*Prævéni in maturitáte, & clamávi; * quia in verba tua supersperávi.*

Prævenérunt óculi mei ad te dilú-

culo ; * ut meditárer elóquia tua.

*Vocem meam audi secundùm misericórdiam tuam, Dómine; * & secundùm judícium tuum vivífica me.*

*Appropinquavérunt persequentes me iniquitati : * à lege autem tua longè facti sunt.*

*Propè es tu, Dómine ; * & omnes viæ tuæ véritas.*

*Inítio cognóvi de testimóniis tuis ; * quia in æternum fundasti ea.*

*Vide humilitátem meam, & éripe me ; * quia legem tuam non sum oblítus.*

*Júdica judícium meũ, & rédime me : * propter elóquium tuum vivífica me.*

Longè à peccató-

lent avant le jour ; afin que je médite votre loi.

Seigneur, écoutez ma voix, selon votre miséricorde : rendez-moi la vie selon votre équité.

Ceux qui me persécutent, se sont approchés de l'iniquité ; & ils se sont éloignés de votre loi.

Mais, Seigneur, vous êtes près de moi ; & toutes vos voies sont la vérité même.

J'ai reconnu dès le commencement que vos ordonnances doivent durer jusques dans l'éternité.

Regardez mon affliction, & me délivrez ; puisque je n'ai point oublié votre loi.

Soutenez ma cause, & sauvez-moi : rendez-moi la vie selon vos promesses.

Le salut est loin des

méchans, parce qu'ils ne cherchent pas vos ordonnances.

Seigneur, vos miséricordes sont infinies : rendez-moi la vie selon vos promesses.

Le nombre de mes persécuteurs & de mes ennemis est grand ; mais je ne me suis point écarté de vos préceptes.

Quand je regarde les violateurs de votre loi, je séche de douleur de ce qu'ils n'observent pas vos ordonnances.

Considérez, Seigneur, que j'aime vos commandemens : faites-moi vivre par un effet de votre bonté.

Votre parole a toujours été véritable, & tous les decrets de votre justice subsisteront à jamais.

*ribus salus ; * quia justificatiónes tuas non exquisiérunt.*

*Misericórdiæ tuæ multæ, Dómine : * secundùm judícium tuum vivífica me.*

*Multi qui persequuntur me, & tríbulant me ; * à testimóniis tuis non declinávi.*

*Vidi prævaricantes, & tabescebam ; * quia elóquia tua non custodiérunt.*

*Vide quóniam mandáta tua diléxi, Dómine : * in misericórdia tua vivífica me.*

*Princípium verbórum tuórum, véritas : * in æternum ómnia judícia justítiæ tuæ.*

DIVISION DU PSEAUME 118.

LEs Princes m'ont persécuté injustement ; mais mon cœur

*PRincipes persecúti sunt me gratis ; * & à verbis*

tuis formidávit cor meum.

*Lætábor ego super elóquia tua, * sicut qui invénit spólia multa.*

*Iniquitátem ódio hábui, & abominátus sum ; * legem autem tuam diléxi.*

*Sépties in die laudem dixi tibi * super judícia justítiæ tuæ.*

*Pax multa diligéntibus legem tuam ; * & non est illis scándalum.*

*Expectábam salutáre tuum, Dñe, * & mandáta tua diléxi.*

*Custodívit ánima mea testimónia tua, * & diléxit ea veheménter.*

*Servávi mandáta tua & testimónia tua ; * quia omnes viæ meæ in conspectu tuo.*

n'a d'autre crainte que de manquer à votre loi.

Je me réjouis de vos oracles comme un homme qui a trouvé de riches dépouilles.

Je hai l'iniquité, & je l'ai en horreur ; mais j'aime votre loi.

Sept fois le jour je vous offre des louanges, à cause de l'équité de vos jugemens.

Ceux qui aiment votre loi jouissent d'une paix profonde ; & ils ne trouvent rien qui puisse les faire tomber.

J'attends, Seigneur, le salut qui vient de vous, & j'aime votre loi.

Je garde soigneusement vos commandemens, & je les aime de tout mon cœur.

J'observe vos loix & vos ordonnances ; parce que toutes mes démarches sont exposées à vos yeux.

Que mes cris montent jusqu'à vous, Seigneur : donnez-moi l'intelligence selon votre parole.

Que ma priére pénétre jusqu'à vous ; & délivrez - moi selon vos promesses.

Mes lévres annonceront vos louanges, lorsque vous m'aurez enseigné vos ordonnances.

Ma langue publiera vos oracles ; parce que tous vos commandemens sont la justice même.

Tendez-moi la main pour me sauver ; puisque j'ai choisi vos commandemens pour mon partage.

Seigneur, j'attends avec un extrême desir votre grace salutaire ; & votre loi est l'objet de mes méditations.

Mon ame vivra, &

---

*Appropinquet deprecátio mea in conspéctu tuo, Dómine : * juxta elóquium tuum da mihi intelléctum.*

*Intret postulátio mea in conspéctu tuo : * secundùm elóquium tuum éripe me.*

*Eructábunt lábia mea hymnum, * cùm docúeris me justificatiónes tuas.*

*Pronuntiábit lingua mea elóquium tuum ; * quia ómnia mandáta tua æquitas.*

*Fiat manus tua ut salvet me ; * quóniam mandáta tua elégi.*

*Concupívi salutáre tuum, Dómine ; * & lex tua meditátio mea est.*

Vivet ánima mea,

& laudábit te ; * &
judícia tua adjuvá-
bunt me.

Errávi sicut ovis
quæ périit : * quære
servum tuum, quia
mandáta tua non
sum oblítus.

Ant. 6. F. *Christo
confixus sum cruci :
vivo jam non ego ;
vivit verò in me
Christus.* Galat. 2.

CAPITULE. *Coloss.* 1.

ADímpleo ea quæ
desunt passió-
num Christi, in car-
ne mea pro córpore
ejus, quod est Ec-
clésia, cujus factus
sum ego minister se-
cundùm dispensatió-
nem Dei, quæ data
est mihi in vos.

℞. br. *Fortitúdo
mea Dñus :* factus
est mihi in salútem,
* Allelúia, allelúia.
Fortitúdo. ℣. Iste
Deus meus ; * & glo-
rificábo eum, * Alle-

elle vous louera : vos
jugemens seront mon
appui.

J'ai été dans l'égare-
ment comme une brebi
perdue : cherchez votre
serviteur, puisque je n'ai
point oublié votre loi.

Ant. Je suis attaché
à la croix avec Jésus-
Christ : ce n'est plus moi
qui vis ; mais c'est Jésus-
Christ qui vit en moi.

J'Accomplis dans ma
chair ce qui reste à
souffrir à Jésus-Christ,
en souffrant moi-même
pour son corps qui est
l'Eglise, de laquelle j'ai
été établi ministre selon
la charge que Dieu m'a
donnée pour l'exercer
envers vous.

℞. br. Le Seigneur est
seul toute ma force ; il est
devenu mon Sauveur,
* Alleluia, alleluia.
Le Seigneur. ℣. C'est
lui qui est mon Dieu :
je publierai sa gloire,

* Alleluia. Gloire au Pere. Le Seigneur.

℣. Vous vous êtes rendu , Seigneur , par miséricorde le chef de votre peuple , ℞. De ce peuple, dis-je , que vous avez racheté.

luia. Glória. Fortitú-do. Cant. Exod. 15.

℣. Dómine, dux fuísti in misericór-dia tua , ℞. Pópu-lo quem redemísti. Cant. Exod. 15.

L'Oraison de la Messe.

AUX II. VESPRES.

[Tout ce que fit saint Charles , lorsque la peste ravageoit la Ville & le Diocèse de Milan. Il meurt dans un âge peu avancé , mais étant devenu un fruit mûr pour l'éternité.]

℣. *Deus , in adjutórium , &c.*

PSEAUME 59.

VOus nous avez rejettés , ô mon Dieu , & vous avez renversé nos murailles : mais après nous avoir fait sentir les effets de votre colére , vous avez eu pitié de nous.

Vous avez ébranlé la terre , & vous l'avez entr'ouverte : réparez ses ouvertures, car elle menace ruine.

DEus, repulísti nos , & destruxísti nos : * irátus es , & misertus es nobis.

Commovísti terram , & conturbásti eam : * sana contritiónes ejus , quia commóta est.

Oſtendiſti pópulo tuo dura : * potaſti nos vino compun-ctiónis.

Dediſti metuén-tibus te ſignificatió-nem ; * ut fúgiant à fácie arcus ;

Ut liberentur di-lecti tui : * ſalvum fac déxterâ tuâ, & exaudi me.

Deus locútus eſt in ſancto ſuo : * læ-tábor, & partíbor Síchimam, & con-vallem tabernacu-lórum metíbor.

Meus eſt Gálaad, & meus eſt Manaſ-ſes, * & Ephraïm for-titúdo cápitis mei.

Juda rex meus, * Moab olla ſpei meæ.

In Idúmeam ex-

Vous avez exercé ſur votre peuple des traite-mens rigoureux : vous nous avez fait boire un vin de douleur.

Mais vous avez élevé un ſignal en faveur de ceux qui vous craignent ; afin qu'ils puiſſent éviter l'arc bandé contre eux ;

Afin que vos bien-aimés ſoient tirés du pé-ril : ſauvez-moi par la force de votre droite, & exaucez moi.

Dieu me l'a déclaré dans ſon ſanctuaire : je ſerai dans la joie ; je poſſéderai les champs de Sichem, & je diſpo-ſerai de la vallée des tentes.

Déja Galaad & Manaſ-ſé ſont à moi : Ephraïm fait ma principale force.

Juda eſt le ſiége de mon empire ; & les dé-pouilles de Moab ont nourri mon peuple.

Les Philiſtins ſe ſont

soumis à mes loix : je foulerai aux pieds l'Idumée.

Mais qui me fera entrer dans les villes fortes qui la défendent ? qui me conduira dans l'Idumée ?

Ne sera-ce pas vous, ô mon Dieu, qui semblez nous rejetter aujourd'hui ? Ne marcherez-vous pas à la tête de nos armées?

Secourez-nous dans notre affliction ; car en vain compterions-nous sur les hommes.

Ce sera Dieu qui nous fera remporter la victoire : ce sera lui qui détruira nos ennemis.

Ant. Le Seigneur envoya la peste dans Israël, depuis le matin jusqu'au tems marqué par sa justice, pour punir son peuple.

*tendam calceamentum meum : * mihi alienígenæ súbditi sunt.*

*Quis dedúcet me in civitátem munítam ? * quis dedúcet me usque in Idúmeam ?*

*Nonne tu, Deus, qui repulísti nos ? * Et non egrediéris, Deus, in virtútibus nostris ?*

*Da nobis auxílium de tribulatióne ; * quia vana salus hóminis.*

*In Deo faciémus virtútem : * & ipse ad nihilum dedúcet tribulantes nos.*

Ant. 6. C. Immísit Dóminus pestiléntiam de mane usque ad tempus præfinítum. 2. Reg. 24.

PSEAUME 61.

NOnne Deo subjécta erit ánima mea ? * ab ipso enim salutáre meum.

MOn ame ne sera-t-elle pas soumise à Dieu ; puisque c'est de lui que vient mon salut ?

Nam & ipse Deus meus & salutáris meus : * suscéptor meus, non movébor ámpliùs.

Il est mon Dieu & mon Sauveur : c'est lui qui prend soin de moi, je ne serai plus ébranlé.

Quoúsque irrúitis in hóminem ? * interfícitis univérsi vos tamquam paríeti inclináto, & macériæ depúlsæ ?

Jusqu'à quand cher-cherez-vous à me faire mourir ? jusqu'à quand vous jetterez vous tous sur un seul homme, comme sur une muraille pan-chée, & une masure qui menace ruine.

Verúmtamen prétium meum cogita-vérunt repéllere; cu-curri in siti : * ore suo benedicébant, & corde suo maledicé-bant.

Mes persécuteurs qui me bénissent de bouche, pendant qu'ils me mau-dissent dans le cœur, veu-lent me ravir ma gloire & ma dignité : pour me dérober à leur fureur, j'ai eu recours à une fuite précipitée, sans avoir le tems d'étancher la soif qui me brûloit.

Verúmtamen Deo subjécta esto, ánima

Mais, ô mon ame, de-meure soumise à Dieu ;

car c'est de lui que j'attends tout mon bonheur.

Il est mon Dieu & mon Sauveur : il prend ma défense, je ne serai point ébranlé

En mon Dieu est mon salut & ma gloire : Dieu est ma force ; & toute mon espérance est en lui.

Peuples, mettez en lui toute votre confiance ; répandez vos cœurs devant lui : Dieu est notre asyle pour toujours.

Les enfans des hommes ne sont que vanité : les enfans des hommes ont de fausses balances : ils ne cherchent qu'à se tromper les uns les autres.

Ne mettez point votre confiance dans l'iniquité, & ne désirez point les biens usurpés : si vous êtes dans l'abondance des richesses, n'y attachez pas votre cœur.

mea ; * quóniam ab ipso patiéntia mea.

*Quia ipse Deus meus, & Salvátor meus : * adjútor meus, non emigrábo.*

*In Deo salutáre meum & glória mea : * Deus auxílii mei ; & spes mea in Deo est.*

*Speráte in eo, omnis congregátio pópuli ; effúndite coram illo corda vestra : * Deus adjútor noster in æternum.*

*Verúmtamen vani filii hóminum, mendáces filii hóminum in statéris ; * ut decípiant ipsi de vanitáte in idipsum.*

*Nolíte speráre in iniquitáte, & rapínas nolíte concupíscere : * divítiæ si áffluant, nolíte cor appónere.*

*Semel locútus est Deus: duo hæc audívi; quia potéstas Dei est, & tibi, Dómine, misericórdia; * quia tu reddes unicuique juxta ópera sua.*

Dieu a parlé une fois, & j'ai entendu ces deux choses: que la puissance est à vous, Seigneur; & que vous rendrez à chacun selon ses œuvres.

Ant 2. D. Cùm ab infántia sua semper Deum timúerit, non est contristátus contra Deum; sed immóbilis in Dei timóre permánsit. Tob. 2.

Ant. Ayant toujours craint le Seigneur dès son enfance, il ne s'attrista & ne murmura point contre Dieu; mais il demeura ferme dans la crainte du Seigneur.

PSEAUME III.

*BEátus vir qui timet Dóminum; * in mandátis ejus volet nimis.*

HEureux l'homme qui craint le Seigneur, & qui met toute son affection dans ses ordonnances.

*Potens in terra erit semen ejus: * generátio rectórum benedicétur.*

Sa postérité sera puissante sur la terre: la race des justes sera comblée de bénédictions.

*Glória & divítiæ in domo ejus; * & justítia ejus manet in seculum séculi.*

La gloire & les richesses sont dans sa maison, & sa justice demeure éternellement.

Exortum est in

La lumiére se léve sur

les justes au milieu des ténébres : le Seigneur est plein de miséricorde, de tendresse & de justice.

Heureux celui qui donne & qui prête, & qui régle ses discours selon l'équité : il ne sera jamais ébranlé.

La mémoire du juste sera éternelle : il ne craindra pas qu'elle soit ternie par des discours injurieux.

Son cœur est préparé à tout, parce qu'il s'appuie sur le Seigneur ; son cœur est inébranlable, & il ne craint rien : il attend que le Seigneur le venge de ses ennemis.

Il répand ses dons, il est libéral envers les pauvres : sa justice demeure éternellement : il sera élevé en puissance & en gloire.

Le méchant le verra, & il frémira de colére ;

*ténebris lumen rectis : * miséricors, & miserátor & justus.*

*Jucundus homo qui miserétur & cómmodat, dispónet sermónes suos in judício ; * quia in æternum non commovébitur.*

*In memória æterna erit justus : * ab auditióne mala non timébit.*

*Parátum cor ejus speráre in Dómino, confirmátum est cor ejus : * non commovébitur donec despíciat inimícos suos.*

*Dispersit dedit paupéribus : * justítia ejus manet in séculum séculi ; cornu ejus exaltábitur in glória.*

Peccátor vidébit, & irascétur ; dénti-

*bus suis fremet , & tabescet : * desidérium peccatórum períbit.*

il grincera des dents, il séchera de dépit : les desirs des pécheurs périront.

Ant. 3. E. *Esurientes alébat , nudisque vestimenta præbébat , & mórtuis sepultúram sollícitus exhibébat.* Tob. 1.

Ant. Il nourrissoit ceux qui n'avoient pas de quoi manger : il donnoit des habits à ceux qui n'en avoient point : & il étoit attentif à donner la sépulture aux morts.

Pseaume 141.

VOce meâ ad Dóminum clamávi : * voce meâ ad Dóminum deprecátus sum.*

J'Ai élevé ma voix, & j'ai adressé mes cris au Seigneur : j'ai élevé ma voix, & j'ai prié le Seigneur.

*Effundo in conspectu ejus oratiónem meam, * & tribulatiónem meam ante ipsum pronuntio.*

J'ai répandu mon cœur devant lui , & je lui ai exposé mon affliction.

*In deficiendo ex me spíritum meum ; * & tu cognovisti sémitas meas.*

Lorsque mon ame tomboit dans la défaillance, vous avez bien voulu, Seigneur , vous rendre attentif à mon état.

In via hac quâ

Ils m'ont tendu un

piége dans le chemin où je marchois.

Je regardois à ma droite, & je considerois; mais il n'y avoit personne qui me connût.

Il ne me restoit aucun moyen de fuir ; & nul ne se mettoit en peine de me sauver la vie.

J'ai crié vers vous , Seigneur; je vous ai dit, Vous êtes mon espérance; vous êtes mon partage dans la terre des vivans.

Daignez écouter ma priére ; parce que je suis réduit à la derniére humiliation.

Délivrez-moi de mes persécuteurs; parcequ'ils font devenus plus forts que moi.

Tirez mon ame de cette prison, afin que je bénisse votre nom : les justes qui s'intéressent pour moi, attendent que vous m'accordiez cette grace.

*ambulábam , * abs-condérunt láqueum mihi.*

*Considerábam ad déxteram , & vidébam; * & non erat qui cognósceret me.*

Périit fuga à me; & non est qui requi-rat ánimam meam.*

*Clamávi ad te , Dómine; * dixi, Tu es spes mea , pórtio mea in terra vivén-tium.*

*Intende ad depre-catiónem meam ; * quia humiliátus sum nimis.*

*Líbera me à per-sequéntibus me ; * quia confortáti sunt super me.*

*Educ de custódia ánimam meam , ad confitendum nómini tuo : * me expéctant justi , donec retrí-buas mihi.*

Ant. 4. E. *Dixit ad Dóminum: Ego sum qui peccávi. Isti qui oves sunt, quid fecérunt? Vertátur, óbsecro, manus tua contra me.* 2. Reg. 24.

Ant. Il dit au Seigneur: C'est moi qui ai péché. Qu'ont fait ceux-ci qui ne sont que des brebis? Que votre main, Seigneur, je vous en conjure, se tourne contre moi seul.

PSEAUME 146.

*Laudáte Dóminum, quóniam bonus est psalmus: * Deo nostro sit jucunda decoráque laudátio.*

Louez le Seigneur, parce qu'il est bon de chanter des cantiques à notre Dieu: que nos louanges lui soient agréables & dignes de lui.

*Ædíficans Jerúsalem Dóminus, * dispersiónes Israélis congregábit.*

C'est le Seigneur qui bâtit Jerusalem: il rassemble ceux d'Israël qui sont bannis & dispersés.

*Qui sanat contrítos córde, * & alligat contritiónes eórum.*

C'est lui qui guérit ceux qui ont le cœur brisé: c'est lui qui bande leurs plaies.

*Qui númerat multitúdiné stellárum, * & ómnibus eis nómina vocat.*

C'est lui qui compte les étoiles, & qui les appelle toutes par leurs noms.

*Magnus Dóminus noster, & magna virtus ejus: * &*

Le Seigneur notre Dieu est grand: sa puissance est infinie, & sa sagesse n'a point de bornes.

Le Seigneur reléve ceux qui sont doux & humbles : mais il abaisse les pécheurs jusqu'à terre.

Chantez les louanges du Seigneur par de saints cantiques ; chantez la gloire de notre Dieu sur la harpe.

C'est lui qui couvre le ciel de nuées , & qui prépare les pluies à la terre.

C'est lui qui fait croître l'herbe sur les montagnes, & qui fait naître des légumes pour l'usage de l'homme.

C'est lui qui donne la nourriture aux bétes , & aux petits des corbeaux qui la lui demandent par leurs cris.

Le Seigneur n'aime point l'homme qui se fie sur la force de son cheval , ou sur la vîtesse de ses jambes.

sapiéntiæ ejus non est númerus.

*Suscipiens mansuétos Dóminus : * humílians autem peccatóres usque ad terram.*

*Præcínite Dómino in confessióne : * psállite Deo nostro in cíthara.*

*Qui óperit cœlum núbibus , * & parat terræ plúviam.*

*Qui prodúcit in móntibus fœnum , * & herbam servitúti hóminum.*

*Qui dat jumentis escam ipsórum, * & pullis corvórum invocántibus eum.*

*Non in fortitúdine equi voluntátem habébit ; * nec in tíbiis viri beneplácitum erit ei.*

Beneplácitum

*Beneplácitum eſt Dómino ſuper timentes eum ; * & in eis qui ſperant ſuper miſericórdia ejus.*

Le Seigneur met ſa complaiſance en ceux qui le craignent, & qui eſpérent en ſa miſéricorde.

Ant. 1. D. *Stans inter mórtuos ac viventes, pro pópulo deprecátus eſt ; & plaga ceſſávit. Num.* 16.

Ant. Placé entre les vivans & les morts, il prie pour ſon peuple ; & la plaie dont il étoit frappé ceſſe tout-à-coup.

CAPITULE. *Philip.* 3.

IMitatóres mei eſtóte, fratres ; & obſerváte eos qui ita ámbulant, ſicut habétis formam noſtram.

MEs freres, rendez-vous mes imitateurs, & propoſez-vous l'exemple de ceux qui ſe conduiſent ſelon le modéle que vous avez vu en nous.

HYMNE.

VIva lex, certam pópulos regendi Præſtruis formam : dócilis piórum Ad Patrum mentem regis univerſam, Cárole, plebem.

TU traces aux Paſteurs des routes aſſurées Pour mener leurs troupeaux où régne Jeſus-Chriſt ; Et tu conduis le tien ſur les régles ſacrées Que Trente te preſcrit.

G

Dans le tems que la mort, de la peste suivie,	Dum tuam vastat mala pestis urbem,
Ravageant ton troupeau, ravage tout ton bien ;	Quis tuus fervor ? bona cuncta natis
Ton soin s'étend à tout, hors à ta seule vie	Prodigis largus, próprixque nescis
Que tu comptes pour rien.	Párcere vitæ.
Disciple du Sauveur qui lava notre crime,	Supplicas votis, lacrymasque fundis ;
Tu portes une croix pour calmer son couroux ;	Et crucem gestas, crucis æmulator,
Et tu t'offres au Ciel comme une humble victime	Pro tuis factus pópulis optima
Pour le salut de tous.	Víctima pastor.
Tu sauvas ta cité par cette digne offrande :	Urbs tuis decet précibus salútem :
La course de tes jours de son terme approchant,	Sic tuus terris, morituré Præsul,
Tel brille le soleil d'une splendeur plus grande,	Amplior, solis velut occidentis,
Proche de son couchant.	Emicat ardor.
A l'aide du travail, du jeûne & des cilices,	Tot reportátis spóliis onustus,
De cent rudes combats	Et tuis dives méri-

ritis & orbis :
Tu cruci natus, crucis inter ulnas,
Rédderis astris.

TRINITAS summo veneranda cultu,
Fida plebs in te colit unitátem :
Qui pari curâ réferant parentem
Unge ministros.

Amen.

℣. *Sion réquies mea in séculum séculi :* ℟. *Hîc habitábo, quóniam elégi eam. Pf.* 131.

tu revins glorieux ;
Et du sein de la croix tes uniques délices,
Tu passas dans les cieux.

Trinité souveraine, exauce notre zéle ;
Et te laissant toucher aux soupirs de nos cœurs,
Veuille toujours donner à ton peuple fidéle
De semblables pasteurs. Amen.

℣. La sainte Sion est le lieu de mon repos pour jamais : ℟. J'y habiterai, parceque c'est le lieu que j'ai choisi.

CANTIQUE DE LA STE VIERGE. *Luc*, 1.

MAgníficat * ánima mea Dóminum,

*Et exultávit spíritus meus * in Deo salutári meo ;*

*Quia respexit humilitátem ancillæ suæ : * ecce enim ex hoc beátam me dicent omnes genera-*

MOn ame glorifie le Seigneur,

Et mon esprit est ravi de joie en Dieu mon Sauveur ;

Parce qu'il a regardé la bassesse de sa servante : & désormais je serai appellée bienheureuse dans la suite de tous les fiécles. | tiónes.

Car il a fait en moi de grandes chofes, lui qui eft le Tout-puiffant, & dont le nom eft faint.

Sa miféricorde fe répand d'âge en âge fur ceux qui le craignent.

Il a déployé la force de fon bras : il a renverfé les fuperbes, en diffipant leurs deffeins.

Il a fait defcendre les grands de leur trône, & il a élevé les petits.

Il a rempli de biens ceux qui étoient affamés, & il a renvoyé vuides & pauvres ceux qui étoient riches.

Il a pris en fa protection Ifraël fon ferviteur, fe fouvenant de la bonté,

Qu'il a eu pour Abraham & pour fa race à jamais, felon les promeffes qu'il a faites à nos peres.

Ant. Quoiqu'il ait peu

Quia fecit mihi magna qui potens eft ; * *& fanctum nomen ejus.*

Et miſericórdia ejus à progénie in progénies * *timéntibus eum.*

Fecit poténtiam in bráchio ſuo, * *diſperſit ſuperbos mente cordis ſui.*

Depóſuit potentes de ſede, * *& exaltávit húmiles.*

Eſurientes implévit bonis, * *& dívites dimiſit inánes.*

Suſcépit Iſrael púerum ſuum, * *recordátus miſericórdiæ ſuæ.*

Sicut locútus eft ad patres noſtros, * *Abraham, & ſémini ejus in ſécula.*

Ant. 5. C. Con-

*ſummátus in brevi ,
explévit témpora
multa : plácita erat
Deo ánima illíus.
Propter hoc prope-
rávit edúcere illum
de médio iniquitá-
tum.* Sap. 4.

vécu , il a cependant
rempli la courſe d'une
longue vie : car ſon ame
étoit agréable à Dieu.
C'eſt pourquoi il s'eſt
hâté de le tirer du mi-
lieu de l'iniquité.

L'Oraiſon de la Meſſe.

S'il eſt Dimanche , on en ſera Mémoire.

A COMPLIES.

[Saint Charles entre dans le Ciel pour être notre
interceſſeur auprès de Dieu.]

COnverte nos ,
*Deus ſalutáris
noſter ;* ℟. *Et averte
iram tuam à nobis.*
Pſ. 84.

FAites-nous retour-
ner à vous , ô Dieu
qui êtes notre ſalut; ℟. Et
détournez votre colére
de deſſus nous.

℣. *Deus , in adjutórium , &c.*

PSEAUME 4.

CUm invocá-
rem , exau-
dívit me Deus
*juſtítiæ meæ : * in
tribulatióne dilata-
ſti mihi.*

VOus m'avez exau-
cé , lorſque je
vous invoquois ,
ô Dieu de ma juſtice :
vous m'avez mis au lar-
ge , lorſque j'étois accablé de maux.

Ayez encore pitié de moi, Seigneur, & exaucez ma priére.

Enfans des hommes, jusques à quand aurez-vous le cœur pesant ? Pourquoi aimez-vous la vanité, & cherchez-vous le mensonge ?

Sachez que le Seigneur prodiguera ses merveilles en faveur de son Saint : le Seigneur m'exaucera, lorsque je lui adresserai mes cris.

Mettez-vous en colére, mais ne péchez pas, pleurez dans le repos de vos lits, les mauvais desseins que vous avez conçus dans vos cœurs.

Offrez au Seigneur des sacrifices de justice, & espérez en lui : plusieurs disent, Qui nous montrera quelque ressource ?

Seigneur, vous avez fait éclater sur nous la lumiére de votre visage : vous avez fait naitre la

*Miserére * me ; & exaudi oratiónem meam.*

*Filii hóminum, úsquequo gravi corde ? * ut quid dilígitis vanitátem, & quæritis mendácium ?*

*Et scitóte quóniam mirificávit Dóminus Sanctum suum : * Dóminus exáudiet me, cùm clamávero ad eum.*

*Irascímini, & nolíte peccáre : * quæ dícitis in córdibus vestris, in cubílibus vestris compungímini.*

*Sacrificáte sacrificium justítiæ, & speráte in Dómino : * multi dicunt, Quis osténdit nobis bona ?*

*Signátum est super nos lumen vultûs tui, Dómine : * dedísti lætitiam in*

cor de meo.

joie dans mon cœur.

*A fructu frumenti, vini, & ólei sui * multiplicáti sunt.*

Ils se sont enrichis par l'abondance de leur froment, de leur vin & de leur huile.

*In pace in idipsum dórmiam, * & requiescam.*

Pour moi, je me coucherai en paix, & je jouirai d'un parfait repos.

*Quóniam tu, Dómine, * singuláriter in spe constituisti me.*

Parce que c'est vous, Seigneur, qui m'établissez dans une solide espérance.

PSEAUME 90.

QUi hábitat in adjutório Altíssimi, * in protectióne Dei cœli commorábitur.

CElui qui demeure dans l'asyle du Très-haut, & qui repose sous l'ombre du Tout-puissant,

Dicet Dómino : Susceptor meus es tu, & refúgium meum : * Deus meus, sperábo in eum ;

Dira au Seigneur : Vous êtes mon espérance & mon appui : vous êtes mon Dieu ; & c'est en vous que je mets ma confiance ;

*Quóniam ipse liberávit me de láqueo venántium, * & à verbo áspero.*

Car le Seigneur me délivrera des filets du chasseur, & de la langue des méchans.

*Scápulis suis obumbrábit tibi, * &*

Il vous couvrira de ses aîles, & vous serez

G iv

en sûreté sous ses plumes.

Sa vérité vous servira de bouclier : vous ne craindrez ni les terreurs de la nuit,

Ni la fléche qui vole durant le jour , ni les embûches que l'on prépare dans les ténébres , ni les attaques du démon du midi.

Il en tombera mille à votre gauche , & dix mille à votre droite ; mais le mal n'approchera pas de vous.

Vous contemplerez seulement de vos yeux le malheur des autres , & vous ferez spectateur de la punition des méchans.

Parce que vous avez dit : Seigneur , vous êtes mon espérance , & que vous avez mis votre confiance dans la protection du Très haut ;

Il ne vous arrivera aucun accident fâcheux,

sub pennis ejus sperábis.

*Scuto circúmdabit te véritas ejus: * non timébis à timóre noćturno ,*

*A sagitta volante in die , à negótio perambulante ténebris , * ab incursu, & dæmónio meridiáno.*

*Cadent à látere tuo mille , & decem míllia à dextris tuis ; * ad te autem non appropinquábit.*

*Verúmtamen óculis tuis consider ábis , * & retributiónem peccatórum vidébis.*

*Quóniam tu es , Dómine, spes mea; * Altíssimum posuísti refúgium tuum ;*

*Non accédet ad te malum , * & fla-*

gellum non appropinquábit tabernáculo tuo.

Quóniam Angelis suis mandávit de te, * ut custódiant te in ómnibus viis tuis.

In mánibus portábunt te, * ne forté offendas ad lápidem pedem tuum.

Super áspidem & basiliscum ambulábis * & conculcábis leónem & dracónem.

Quóniam in me sperávit, liberábo eum : * prótegam eum, quóniam cognávit nomen meum.

Clamábit ad me, * & ego exáudiam eum.

Cum ipso sum in tribulatióne : * erípiam eum, & glorificábo eum.

Longitúdine diérum replebo eum, *

& les fléaux n'approcheront point de votre maison.

Car il commande à ses Anges de vous garder en toutes vos voies.

Ils vous porteront sur leurs mains, de peur que vous ne heurtiez votre pied contre la pierre.

Vous marcherez sur l'aspic & le basilic : vous foulerez aux pieds le lion & le dragon.

Je le délivrerai, dit le Seigneur, parce qu'il a mis en moi sa confiance : je serai son protecteur ; parce qu'il a connu mon nom.

Il m'invoquera, & je l'exaucerai.

Je serai avec lui dans ses jours d'affliction : je l'en tirerai, & je l'en ferai sortir avec gloire.

Je le comblerai de jours & d'années, & je lui

ferai part du falut que
je donne à mes Saints.

*& oſtendam illi ſa-
lutáre meum.*

P S E A U M E 133.

BEniſſez le Seigneur,
vous tous qui êtes
ſes ſerviteurs.

*ECce nunc bene-
dícite Dómi-
num, * omnes ſervi
Dómini.*

Vous qui habitez dans
le temple du Seigneur,
& dans les portiques de
la maiſon de notre Dieu,

*Qui ſtatis in do-
mo Dómini, * in
átriis domûs Dei
noſtri,*

Elevez vos mains vers
le Sanctuaire durant la
nuit même, & béniſſez
le Seigneur.

*In noctibus extol-
lite manus veſtras
in ſancta, * & be-
nedícite Dóminum.*

Que le Seigneur vous
béniſſe de Sion, le Sei-
gneur qui a fait le ciel
& la terre.

*Benedicat te Dó-
minus ex Sion, *
qui fecit cœlum &
terram.*

Ant. Il eſt entré dans
le Ciel, récompenſe du
zéle dont il a été embra-
ſé pour la loi de Dieu.

Ant. 6. C. *Dum
zelat zelum legis,
receptus eſt in cœ-
lum.* 1. Mac. 2.

H Y M N E *Grates,* ci-devant, *pag.* 7.

C A P I T U L E. 1. *Theſſ.* 5.

VOus êtes tous des
enfans de lumiére
& des enfans du jour :
nous ne ſommes point
enfans de la nuit, ni des

*OMnes vos filii
lucis eſtis, &
filii diei : non ſumus
noctis, neque tene-
brárum. Igitur non*

dormiámus sicut & céteri , sed vigilémus & sóbrii simus.

ténébres. Ne nous laissons donc pas aller au sommeil comme les autres ; mais veillons , & soyons sobres.

℞. br. *In manus tuas , Dómine ,* * *Commendo spíritum meum. In manus.* ℣. *Redemísti me , Dómine ,* * *Deus veritátis :* * *Commendo. Glória. In.* Pf. 30.

℞. *br.* Seigneur, * Je remets mon esprit entre vos mains. Seigneur. ℣. Vous m'avez racheté, Seigneur , Dieu de vérité : * Je remets mon esprit entre vos mains. Gloire. Seigneur.

℣. *Custódi me , Dómine, ut pupillam óculi :* ℞. *Sub umbra alárum tuárum prótege me.* Pf. 16.

℣. Gardez-moi , Seigneur , comme la prunelle de l'œil : ℞. Couvrez-moi de vos aîles.

CANTIQUE DE S. SIMEON. *S. Luc ,* 2.

NUnc dimittis servum tuum, Dómine , * *secundùm verbum tuum in pace ;*

C'Est maintenant , Seigneur, que vous laisserez mourir en paix votre serviteur selon votre parole ;

Quia vidérunt óculi mei * *salutáre tuum,*

Puisque mes yeux ont vu le Sauveur que vous nous donnez ,

Quod parásti * *ante fáciem ómnium populórum.*

Et que vous destinez pour être exposé à la vue de tous les peuples ,

Pour être la lumiére qui éclaira les nations, & la gloire de votre peuple d'Israël.

Ant. Il prie maintenan le Seigneur notre Dieu pour nous tous qui sommes encore sur la terre.

Prions.

Ous vous suplions, Seigneur, de visiter cette demeure, & d'en éloigner tous les piéges de l'ennemi : que vos saints Anges y habitent pour nous y conserver en paix, & que votre bénédiction soit toujours sur nous ; Par notre Seigneur Jesus-Christ votre Fils.

℣. *Dóminus vobiscum.*

Les Complies étant finies,

Que la grace de notre Seigneur Jesus-Christ, l'amour de Dieu, & la communication du S. Esprit soit avec vous tous. Amen.

Lumen ad revelatiónem géntium, ✶ & glóriam plebis tuæ Israel.

Ant. 6. F. Ecce orat ad Dóminum Deum pro univerfis relíquiis iftis. Jerem. 42.

Orémus.

Ista, quæsumus, Dómine, habitatiónem istam, & omnes insídias inimíci ab ea longè repelle : Angeli tui fancti hábitent in ea, qui nos in pace cuftódiant; & benedíctio tua fit super nos semper ; Per Dóminum noftrum.

℣. *Benedicámus.*

on dit à voix baffe :

Grátia Dómini noftri Jefu Chrifti, & cáritas Dei, & communicátio fancti Spíritûs fit cum ómnibus vobis. Amen.
2. Cor. 13.

ANTIENNE A LA Ste VIERGE.

SAlve, Regina, mater misericórdiæ; vita, dulcédo & spes nostra, salve: ad te clamámus, éxules filii Evæ. Ad te suspirámus gementes & flentes in hac lacrymárum valle. Eia ergo, advocáta nostra, illos tuos misericórdes óculos ad nos convérte. Et Jesum, benedíctum fructum ventris tui nobis post hoc exílium osténde, ô clemens, ô pia, ô dulcis Virgo María.

NOus vous saluons, Reine du ciel, qui avez mis au monde celui qui s'est fait pour nous une victime de propitiation, & en qui seul est notre vie, notre joie & notre espérance. Dans cet exil auquel nous sommes condamnés comme enfans d'une mere coupable, nous implorons votre intercession. Nous vous présentons nos soupirs & nos gémissemens dans cette vallée de larmes. Soyez donc notre avocate : attendrissez-vous sur nos maux ; & après l'exil de cette vie, obtenez nous, ô Vierge Marie pleine de douceur & de tendresse pour les hommes, obtenez-nous le bonheur de voir Jesus-Christ, ce fruit sacré de votre sein.

℣. *Vultum tuum deprecabuntur*

℟. *Omnes dívites plebis. Pf. 44.*

℣. Les plus riches d'entre les peuples

℟. Vous adresseront leurs hommages.

Prions. — **Orémus.**

Dleu tout-puissant & éternel, qui par la coopération du Saint-Esprit avez préparé le corps & l'ame de la glorieuse Vierge Marie pour en faire une demeure digne de votre Fils : accordez-nous la grace, pendant que nous célébrons sa mémoire avec joie, d'être délivrés par son intercession des maux présens, & de la mort éternelle : Nous vous en supplions par le même Jesus-Christ notre Seigneur.

℞. Amen.

Omnipotens sempiterne Deus, qui glóriósæ Virginis matris Maríæ corpus & ánimam, ut dignum Fílii tui habitáculum éffici mererétur, Spíritu sanĉto cooperante, præparásti : da, ut cujus commemoratióne lætámur, ejus piá intercessióne, ab instántibus malis & à morte perpétua liberémur ; Per eumdem Christum Dóminum nostrum.

℞. Amen.

AU SALUT.

Pour le Saint Sacrement.

HYMNE.

JE me prosterne devant vous, pour vous adorer, ô Dieu vraiment caché sous ces figures : mon cœur se livre

Adoro te supplex, latens Déitas,
Quæ sub his figúris verè látitas :

Tibi se cor meum totum súbjicit; Quia te contemplans totum déficit.

entiérement à vous; puisqu'en vous considérant, il reconnoît son néant devant vous.

Visus, tactus, gustus, in te fallitur; Sed auditu solo tutò créditur. Credo quidquid dixit Dei Filius: Nil hoc Veritátis verbo vérius.

Les yeux, le toucher & le goût sont ici trompés: l'ouïe seule qui entend la parole de la foi, ne trompe point. Je croi tout ce qu'a dit le Fils de Dieu: il n'y a rien de plus vrai que la parole de la Vérité même.

In cruce latébat sola Déitas; At hîc latet simul & humánitas: Ambo tamen credens atque cónfitens, Peto quod petívit latro pœnitens.

La Divinité seule étoit cachée sur la croix; ici la Divinité & l'humanité le sont également: c'est en y reconnoissant & en y confessant l'une & l'autre, que je vous demande, Seigneur, ce que vous demanda le larron pénitent.

Plagas, sicut Thomas, non intúeor; Deum tamen meum te confíteor: Fac me tibi semper magis crédere,

Je ne vois pas vos plaies, comme Thomas les a vues; néanmoins je vous reconnois pour mon Dieu: faites que ma foi croisse de plus en plus: faites que je n'espére qu'en vous, & que je n'aime que vous.

O Pain, qui renouvellez la mémoire de la mort du Seigneur : Pain vivant qui donnez la vie à l'homme, faites à mon ame la grace de ne vivre que de vous, & de trouver toujours en vous sa joie & ses délices.

O source de toute pureté, Seigneur Jesus, qui êtes venu pour nous sauver ; purifiez - moi par votre sang, ce sang dont une seule goutte suffit pour effacer tous les péchés du monde.

O Jesus, que je vois maintenant caché sous ces voiles ; accordez, je vous prie, à l'ardeur de mes desirs, que vous voyant un jour à découvert, je jouisse du bonheur que donne la vûe de votre gloire.

Amen.

In te spem habére, te dilígere.

O memoriále mortis Dómini ; Panis vivus, vitam præftans hómini, Præfta meæ menti de te vívere, Et te illi femper dulce fápere.

O fons puritátis, Jefu Dómine, Me immundum munda tuo sánguine, Cujus una ftilla falvum fácere Totum quit ab omni mundum fcélere.

JESU, quem velátum nunc afpício, Oro fiat illud quod tam fitio ; Ut te revelátâ cernens fácie, Vifu fim beátus tuæ glóriæ. Amen.

℣. *Justi epulen-*
tur , & exultent

℣. Que les justes ap-
prochent de cette table,
& qu'ils se réjouissent

℟. *In conspectu*
Dei. Pf. 67.

℟. En la présence du
Seigneur.

ORAISON.

DEus , qui in-
æstimabili ca-
ritate nobiscum sub
hoc Sacramenti ve-
lámine habitáre vo-
luisti , da fidélibus
tuis abscónditam di-
vinitátis tuæ maje-
státem firmâ fide
intuéri : cor nostrum
imple amóris tui
dulcédine , & ad
ineffábiles regni tui
delícias tribue júgi-
ter suspiráre ; Qui
vivis & regnas
Deus. ℟. *Amen.*

O Dieu , qui par un
excès admirable de
votre charité , avez vou-
lu habiter avec nous ,
caché dans le Sacrement
que nous adorons : ac-
cordez à vos fidéles de
contempler avec une
ferme foi la majesté de
votre divinité sous les
voiles qui la couvrent :
remplissez nos ames de
la douceur de votre a-
mour , & donnez-nous
la grace de soupirer sans
cesse vers les délices
ineffables de ce Royau-
me où vous régnez éter-
nellement ; Vous qui vivez , &c.

Pour Saint Charles.

℟. *SIcut vísitat*
pastor gre-
gem suum ; sic vi-
sitábo oves meas : *

℟. JE visiterai moi-
même mes ouail-
les comme un pasteur
visite son troupeau. *

J'irai chercher les brebis qui étoient perdues : † Je banderai les plaies de celles qui font blessées. ℣. Miniftre du corps de Jefus-Chrift qui eft fon Eglife, je m'acquitterai fidélement du miniftére de la parole de Dieu. * J'irai. Gloire au Pere. † Je banderai les plaies.

℣. Le Seigneur a comblé fon Saint d'une gloire ineffable : ℟. Il m'exaucera, lorfque je lui adrefferai mes cris.

Prions.

O Dieu, qui par un effet fingulier de votre providence fur votre Eglife avez fufcité faint Charles pour être le reftaurateur de la difcipline, & faire revivre dans les fidéles l'ancienne pureté des mœurs ; accordez-nous par fon interceffion, ce zéle de votre maifon dont il a été embrafé, & une en-

Quod perierat, requiram : † *Quod confractum erat, alligabo.* ℣. *Córporis Chrifti, quod eft Eccléfia, factus fum ego minifter ; ut impleam verbum Dei.* * *Quod. Glória.* † *Quod confractum.* Ezech. 34. Coloff. 1.

℣. *Mirificávit Dóminus Sanctum fuum :* ℟. *Exáudiet me, cùm clamávero ad eum.* Pf. 4.

Orémus.

D Eus, qui fingulári providéntiá ad reftituendam Ecclefiæ difciplínam, & emendandos hóminum mores, beátum Cárolum fufcitafti : da facro ejus interventu, ut ficut ille forma factus gregis ex ánimo, vigili follicitúdine tibi complá-

cúit ; ita & nos zelo domûs tuæ æstuantes , morum integritáte tibi placeámus; Per Christum Dóminum nostrum.

tiére sainteté de vie; afin que nous soyons en tout agréables à vos yeux , comme il l'a été lui-même par sa vigilance pastorale sur le troupeau que vous lui avez con-

fié , & dont il a été le modéle par sa sincére piété : Nous vous en supplions par J. C.

Pour le Roi.

DOmine , salvum fac Regem ; & exaudi nos in die quâ invocavérimus te. Ps. 19.

SEigneur , sauvez le Roi ; & exaucez-nous au jour que nous vous invoquons pour lui.

On le dit trois fois sans Gloria Patri.

℣. *Dómine , in virtúte tua lætabitur Rex ,*

℟. *Et super salutáre tuum exultábit vehementer.*

℣. Seigneur, le Roi mettra sa confiance dans votre force ,

℟. Et le salut qui vient de vous , fera toute sa joie.

ORAISON.

QUæsumus , omnipotens Deus, ut fámulus tuus Rex noster N. qui tuâ miseratióne suscépit Regni gubernacu-

FAites, s'il vous plaît, Dieu tout-puissant, que votre serviteur N. notre Roi qui par votre miséricorde a reçu la conduite de ce Royaume, reçoive aussi l'accroissement de toutes les vertus ; afin que revêtu de leur force, & saintement orné de leur éclat, il ait les vices en horreur comme autant de monstres ; qu'il soit victorieux de ses ennemis ; & qu'agréable à vos yeux par ses bonnes œuvres, il puisse enfin arriver jusqu'à vous, qui êtes la voie, la vérité & la vie ; Et qui étant Dieu vivez & régnez, &c.

la, virtútum étiam ómnium percípiat increménta, quibus decénter ornátus, vitiórum monstra devitáre, hostes superáre; & ad te qui via, véritas, & vita es, gratiósus váleat perveníre; Qui vivis & regnas, &c.

Le Salut se termine par le Pseaume suivant.

PSEAUME 116.

NAtions, louez toutes le Seigneur ; peuples, louez-le tous ;

Parce qu'il a signalé envers nous la grandeur de sa miséricorde, & que la vérité du Seigneur est éternelle.

Gloire au Pere, &c.

*LAudáte Dóminum omnes gentes : * laudáte eum, omnes pópuli.*

*Quóniam confirmáta est super nos misericórdia ejus, * & véritas Dómini manet in æternum.*

Glória Patri, &c.

PENDANT L'OCTAVE.

[*Dans les Eglises où la Fête de saint Charles n'est que Grand-Solemnel avec Octave, on fait seulement Mémoire de cette Octave jusqu'au huit du mois inclusivement, à Laudes & à Vêpres, par les Antiennes, Versets & Oraisons marqués ci-après pour Suffrages; & à la Messe. Le Dimanche dans l'Octave, l'Office est du Dimanche, avec Mémoire de l'Octave. Le 9 du mois, l'Office est de S. Maturin, avec Mémoire de l'Octave. Le 10. l'Office est de saint Leon, avec Mémoire de saint Charles, avant celle de saint Martin, Pape; mais la Préface de la Messe, ces deux jours, & le jour de l'Octave, le ℣. de Prime, & la Doxologie des Hymnes, se prennent du jour de saint Charles. Enfin le 11. l'Office n'est que Double-majeur.*]*

Mais dans les Eglises où la Fête de saint Charles est Annuel, pendant l'Octave on fait l'Office comme le jour de la Fête, excepté ce qui suit.*

Les Pseaumes de la Férie à tout l'Office.

A L'OFFICE DE LA NUIT, les trois Ant. le ℣. les ℟. ℟. ℟. d'un des Nocturnes du jour, & l'Absolution, selon la Férie occurrente: On ne dit point de Glória. au I. & au II. ℟. mais seulement au III. qu'on ne répéte pas après le Glória. Les Bénédictions pour chaque jour de l'Octave, comme au second Nocturne de la Fête.

La j. Leçon de l'Ecriture courante, n'en faisant qu'une des trois.

La ij. & la iij. comme elles sont marquées plus bas pour chaque jour de l'Octave.

Te Deum. & le ℣. Sacerdotal, comme au jour de la Fête.

A LAUDES.

Les Pseaumes de la Ferie, avec le Cantique de la Fête, sous cette seule Antienne. 4. E.

Ant. Il agissoit en toutes choses comme un fidéle ministre de Dieu : il s'est rendu recommandable par une grande patience dans les tribulations, dans les plaies, dans les travaux, dans les veilles, dans les jeûnes, par sa science, par les fruits du Saint-Esprit, par une charité sincére, & par la parole de vérité.

Ant. *Exhibuit se sicut Dei minístrum, in multa patiéntia, in tribulatiónibus, in plagis, in labóribus, in vigíliis, in jejúniis, in sciéntia, in Spíritu sancto, in caritáte non ficta, in verbo veritátis.* 2. Cor. 6.

A PRIME.

Au ℟. br. ℣. *Qui es Pastor magnus óvium.*

La Messe comme le jour, avec les Mémoires propres pour chaque jour ; excepté le Mercredi & le Vendredi, auxquels, au lieu de l'Epître & de l'Evangile du jour, on lit celles qui suivent, qu'on lit le jour suivant ou le précédent,

lorsque le Mercredi & le Vendredi sont occupés
par quelque Fête.

LE MERCREDI.

Léctio Ezechiélis Prophétæ. C. 13.

HÆc dicit Dóminus Deus: Erit manus mea super prophétas qui vident vana, & divinant mendácium. In consílio pópuli mei non erunt, & in scriptúra domûs Israel non scribentur, nec in terram Israel ingrediéntur: & sciétis quia ego Dóminus Deus; eò quòd decéperint pópulum meum, dicéntes: Pax; & non est pax: & ipse ædificábat pariétem, illi autem liniébant eum luto absque páleis. Dic ad eos qui líniunt absque tem-

Lecture du Prophéte Ezéchiel.

VOici ce que dit le Seigneur notre Dieu: Ma main s'appesantira sur les prophétes qui ont des visions vaines & qui prophétisent le mensonge. Ils ne se trouveront point dans l'assemblée de mon peuple; ils ne seront point écrits dans le livre de la maison d'Israël; ils n'entreront point dans la terre d'Israël: & vous saurez que c'est moi qui suis le Seigneur votre Dieu; parce qu'ils ont séduit mon peuple, en lui annonçant la paix, lorsqu'il n'y avoit point de paix: lorsque mon peuple bâtissoit une muraille, ils l'ont enduit avec de la boue seule , sans y mêler de la paille. Dites à ceux qui enduisent la muraille sans y rien mêler, qu'elle tombera; parce qu'il viendra une forte pluie , que je ferai tomber de grosses pierres qui l'accableront , & souffler un vent impétueux qui la renversera par terre. Et quand on verra que la muraille sera tombée , ne vous dira-t-on pas alors : Où est l'enduit dont vous l'avez enduite ? C'est pourquoi voici ce que dit le Seigneur notre Dieu : Je ferai éclater des tourbillons & des tempêtes dans mon indignation ; les torrens de pluie se déborderont dans ma fureur, & de grosses pierres tomberont dans ma colére , pour renverser tout ce qui se rencontrera ; & je détruirai la muraille que vous avez enduite

peratúrâ , quòd casúrus sit : erit enim imber inundans ; & dabo lápides prægrandes désuper irruentes , & ventum procellæ dissipantem. Síquidem ecce cécidit páries; numquid non dicétur vobis : Ubi est litúra quam linístis ? Proptéreà hæc dicit Dóminus Deus : Et erúmpere fáciam spíritum tempestátum in indignatióne mea; & imber inundans in furóre meo erit , & lápides grandes in ira , in consumptiónem. Et destruam paríetem quem linístis absque temperamento , & adæquabo eum terræ ; & revelábitur fundamentum ejus ; & cadet , & consumétur in médio ejus : & sciétis quia ego sum

ſum Dóminus. Et complébo indignatiónem meam in pariete, & in his qui líniunt eum abſque temperamento ; dicamque vobis : Non eſt páries , & non ſunt qui líniunt eum. Prophétæ Iſrael , qui prophétant ad Jerúſalem , & vident ei viſiónem pacis; & non eſt pax, ait Dóminus Deus. Et tu , fili hóminis , pone fáciem tuam contra filias pópuli tui , quæ prophetant de corde ſuo ; & vaticináre ſuper eas , & dic : Hæc dicit Dóminus Deus : Væ quæ cónſuunt pulvillos ſub omni cúbito manûs , & fáciunt cervicália ſub cápite univerſæ ætátis ad capiendas ánimas ; & cùm cáperent ánimas pópuli

ſans rien mêler avec la boue. Je l'égalerai à la terre , & on en verra paroître les fondemens : elle tombera; & celui qui l'avoit enduite , ſera enveloppé dans ſa ruine : & vous ſaurez que c'eſt moi qui ſuis le Seigneur. Mon indignation ſe ſatisfera dans la muraille , & dans ceux qui l'enduiſent ſans y mêler ce qui l'auroit affermie. Je vous dirai alors : La muraille n'eſt plus ; & ceux qui l'avoient enduite, ne ſont plus. Ils ne ſont plus ces prophétes d'Iſraël, qui ſe mêloient de prophétiſer à Jeruſalem , & qui avoient pour elle des viſions de paix, lorſqu'il n'y avoit point de paix, dit le Seigneur notre Dieu. Et vous , fils de l'homme , tournez le viſage contre les filles de votre peuple, qui ſe mêlent de prophétiſer de leur tête & de leur propre cœur ; & prophétisez contre elles, & dites : Voici ce que dit le Seigneur notre Dieu : Malheur à celles qui préparent des coussinets pour les mettre sous tous les coudes, & qui font des oreillers pour en appuyer la tête des personnes de tout âge, afin de surprendre ainsi les ames ; & qui lorsqu'elles ont surpris les ames de mon peuple, les assurent que leurs ames sont pleines de vie. Elles ont détruit la vérité de ma parole dans l'esprit de mon peuple pour une poignée d'orge & un morceau de pain, en tuant les ames qui n'étoient point mortes, & en promettant la vie à celles qui n'étoient point vivantes, & séduisant ainsi par leurs mensonges la crédulité inconsidérée de mon peuple. C'est pourquoi voici ce que dit le Sei-

mei, vivificábant ánimas eórum. Et violábant me ad pópulum meum, propter pugillum hórdei, & fragmen panis, ut interficerent ánimas, quæ non moriuntur, & vivificárent ánimas quæ non vivunt, mentientes pópulo meo credenti mendáciis. Propter hoc, hæc dicit Dóminus Deus : Ecce ego ad pulvillos vestros quibus vos cápitis ánimas, volantes ; & dirumpam eos de bráchiis vestris : & dimittam ánimas quas vos cápitis, ánimas ad volandum. Et dirumpam cervicália vestra, & liberábo pópulum meum de manu vestra ; neque erunt ultrà in mánibus vestris ad prædan-

dum : & sciétis quia ego Dóminus.

gneur notre Dieu : Je viens à vos coussinets, par lesquels vous surprenez les ames comme des oiseaux qu'on prend dans leur vol : je romprai vos coussinets entre vos bras, & je laisserai aller les ames que vous avez prises, ces ames qui devoient voler. Je romprai vos oreillers : je délivrerai mon peuple de votre puissance; & ils ne seront plus à l'avenir exposés en proie entre vos mains : & vous saurez que c'est moi qui suis le Seigneur.

Sequéntia sancti Evangélii secundùm Matthæum.

Suite du saint Evangile selon saint Matthieu.

Chap. 7.

IN illo témpore ; Dixit Jesus discipulis suis : Non omnis qui dicit mihi : Dómine, Dómine, intrábit in regnum cœlórum; sed qui facit voluntátem Patris mei qui in cœlis est, ipse intrábit in regnum cœlórum. Multi dicent mihi in illa die : Dómine, Dómine, nonne in nómine tuo prophetávimus, & in nómine tuo dæ-

EN ce tems-là ; Jesus dit à ses disciples : Tous ceux qui me disent, Seigneur, Seigneur, n'entreront pas pour cela dans le royaume des cieux ; mais celui-là y entrera, qui fait la volonté de mon Pere qui est dans le Ciel. Plusieurs me diront en ces jours-là : Seigneur, Seigneur, n'avons - nous pas prophétisé en votre nom ; n'avons nous pas chassé les démons en votre nom, & n'avons - nous

pas fait plusieurs mira-
cles en votre nom ? Et
alors je leur déclarerai :
Je ne vous ai jamais con-
nus. Retirez - vous de
moi, vous qui vivez dans
l'iniquité. Quiconque
donc entend ces discours
& qui les pratique , je le
comparerai à un homme
sage qui a établi sa mai-
son sur la pierre. La pluie
est tombée , les fleuves
se sont débordés , les
vents ont soufflé, & sont
venus fondre sur cette
maison ; & elle n'a point
été renversée , parce
qu'elle étoit fondée sur
la pierre. Mais quicon-
que entend mes paroles,
& ne les met pas en pra-
tique , est semblable à
un insensé qui a bâti sa
maison sur le sable. La
pluie est tombée , les
fleuves se sont débordés,
les vents ont soufflé , &
sont venus fondre sur
cette maison ; & elle a
été renversée, & la ruine

mónia ejícimus , &
in nómine tuo vir-
tútes multas féci-
mus ? Et tunc con-
fitébor illis , quia
numquam novi vos.
Discédite à me , qui
operámini iniquitá-
tem. Omnis ergo qui
audit verba mea
hæc , & facit ea ,
assimilábitur viro
sapienti qui ædifi-
cávit domum suam
supra petram. Et
descendit plúvia ,
& venérunt flúmi-
na , & flavérunt
venti, & irruérunt
in domum illam : &
non cécidit ; fundá-
ta enim erat super
petram. Et omnis
qui audit verba mea
hæc , & non facit
ea , símilis erit viro
stulto qui ædificávit
domum suam super
arénam. Et descen-
dit plúvia, & vené-
runt flúmina , &

flavérunt venti, & en a été grande.
irruérunt in domum
illam ; & cécidit ; & fuit ruina illíus magna.

LE VENDREDI.

Léctio Libri Sapién-
tiæ. Cap. 18.

Lecture du Livre de la
Sagesse.

PRóperans homo
sine queréla de-
precári pro pópulis,
Dómine ; próferens
servitútis suæ scu-
tum oratiónem , &
per incensum depre-
catiónem állegans ;
réstitit iræ, & finem
impósuit necessitáti ;
osténdens quóniam
tuus est fámulus.
Vicit autem turbas,
non in virtúte córpo-
ris , nec armatúræ
potentiâ ; sed verbo
illum , qui se vexá-
bat , subjécit , jura-
menta parentum, &
testamentum com-
mémorans. Cùm
enim jam acervátim
cecidíssent super al-

UN homme irrépré-
hensible se hâta
d'intercéder pour le peu-
ple : il vous opposa, Seigneur , le bouclier de
son ministére saint ; &
sa priére montant vers
vous avec l'encens qu'il
vous offroit , il fit cesser
cette dure plaie dont
vous aviez frappé votre
peuple , & fit voir qu'il
étoit votre véritable serviteur. Il n'appaisa point
les peuples troublés, par
la force du corps, ni par
la puissance des armes ;
mais il arrêta l'Ange
exterminateur par sa pa-
role , en lui représen-
tant les promesses que
Dieu avoit faites à leurs
peres avec serment , &

l'alliance qu'il avoit jurée avec eux. Lorsqu'il y avoit déja des monceaux de morts qui étoient tombés les uns sur les autres, il se mit entre deux, arrêta la vengeance de Dieu , & empêcha à ceux qui étoient encore en vie.

térutrum mórtui , intérstitit , & amputávit ímpetum , & divísit illam , quæ ad vivos ducébat , viam.

que le feu ne passât en vie.

Suite du saint Evangile selon saint Jean.
Chap. 7.

EN ce tems-là; Jesus dit aux Juifs : Ma doctrine n'est pas ma doctrine ; mais c'est la doctrine de celui qui m'a envoyé. Si quelqu'un veut faire la volonté *de mon Pere* , il reconnoîtra si ma doctrine est de lui , ou si je parle de moi - même. Celui qui parle de soi-même, cherche sa propre gloire : mais celui qui cherche la gloire de celui qui l'a envoyé , est véritable ; & il n'y a point en lui d'injustice.

Sequéntia sancti Evangélii secundùm Joannem.

IN illo témpore ; Jesus dixit Judæis : Mea doctrína non est mea , sed ejus qui misit me. Si quis volúerit voluntátem ejus fácere , cognoscet de doctrína , utrùm ex Deo sit , an ego à me ipso loquar. Qui à semetipso lóquitur , glóriam própriam quærit : qui autem quærit glóriam ejus qui misit eum, hic verax est ; & injustítia in illo non est.

A VESPRES.

Sur les Pseaumes de la Férie on ne dit que la seule Antienne suivante.

Ant. 6. F. Fiduciáliter egit in Dómino, testimónium perhibente verbo grátiæ suæ, dante fieri signa & prodígia per manum ejus. Act. 14.

Ant. Il agissoit & parloit avec une grande confiance pour la gloire du Seigneur : & le Seigneur pour confirmer ce que son serviteur annonçoit de sa part, lui a donné la vertu des prodiges & des miracles.

A COMPLIES, les Antiennes comme au jour de la Fête, p. 154 & 156.

LE SAMEDI.

A VESPRES, les Pseaumes du Samedi sous la seule Ant. Fiduciáliter, *ci-dessus. Capitule, Hymne, ℣. & Ant. de* Magníficat, *comme aux I. Vêpres de la Fête ; avec l'Oraison,* Tu, Dómine, *de la Messe du Dimanche, p. 186.*

Mémoire du Samedi occurrent.

COMPLIES, *comme la veille de la Fête,* pag. 7.

[*Si c'est aujourd'hui le* 4 *du mois, on ne fera Mémoire que du Samedi occurrent. Si c'est le* 7 *du mois, les Vêpres sont des saintes Reliques, avec Mémoire de ce Samedi de l'Octave, & du Samedi occurrent. Si c'est aujourd'hui le* 8. *du mois, les Vêpres sont de l'Oct. de tous les Saints, avec Mémoire du Samedi de l'Oct. de S. Charles, du Samedi occurrent, & de S. Mathurin. Enfin, si c'est le 10. les Vêpres seront de S. Martin, avec les Mémoires prescrites ce jour-là.*]

LE DIMANCHE
DANS L'OCTAVE. *
Double-mineur.

L'Office comme à la Fête, excepté ce qui suit. Les Pseaumes du Dimanche à tout l'Office.

AU I. NOCTURNE.

Les Leçons de l'Ecriture occurrente, sous les Absolutions & les Bénédictions de la Fête. Les ℞. ℞. ℞. comme au jour de la Fête, excepté qu'aux deux premiers on ne dit point de Glória; mais seulement au troisiéme qu'on ne répéte pas. Ce qui s'observe de même aux II. & III. Noct.

AU II. NOCTURNE.
LEÇON iv.

Sermon de saint Charles Evêque.	*Sermo sancti Cároli Episcopi.*

Orat in Conc. 6. Mediol.

LOrsque nous traitons les plaies spirituelles, prenons garde sur-tout de ne point nous conduire selon les régles de la

UNum est quod in curatióne spirituáli plúrimùm valet, ut nec mundi prudéntiæ, neque nostræ inmitá-

* *Voyez la Rubrique ci-après, p. 192.*

mur. *Prudéntia carnis, mors est; prudentia mundi cœca & fallax : at prudéntia Spíritûs, vita & pax. Quæ Christi sunt, Christi Spiritu agámus : ab illo pendeámus ; non vulgi judício, non populári plausu, non privátis ratiónibus curæ nostræ partes commetiémur. Hoc sanè est Apóstolos, quos misit Deus infirmos sanáre, salutáriter imitári : hoc planè Evangélii leges serváre : hoc ipsum gérere , est salutáres curatiónes adhibére. Illis virtúribus communíti , voluntátem quodam ardóre inflammátam & parátam adhibeámus. Parávit cor suum ut investigáret legem, sacris lítteris próditum*

prudence mondaine, & de ne point compter sur la nôtre ; car la prudence de la chair donne la mort , la prudence du monde est aveugle & trompeuse : mais celle qui vient de l'Esprit, donne la vie & la paix. Traitons les affaires de Jesus - Christ avec son Esprit , ne dépendons que de lui; & alors nous ne mesurerons plus notre devoir sur le jugement du monde , sur l'approbation des peuples , & sur nos intérêts particuliers. Alors nous montrerons que nous sommes vraiment imitateurs du zéle des Apôtres que Jesus - Christ a envoyés pour guérir les malades , & que nous suivons les régles de l'Evangile. En agissant ainsi nous opérerons des guérisons solides. Quand nous aurons acquis toutes ces vertus , joignonsy dans l'exercice de notre ministére une volonté pleine de zéle & de charité. L'Ecriture dit en parlant d'un fidéle ministre de Dieu, qu'il prépara son cœur pour rechercher la loi du Seigneur. Elle dit d'un autre, qu'il choisit des Prêtres sans tache, & religieux observateurs de la loi.

est. Alio loco : Elégit Sacerdótes habentes voluntátem in lege.

LEÇON V.

LE cœur & l'esprit animés de ce saint zéle, proposons-nous pour modéles de notre conduite les saints hommes Josué & Esdras. Celui-ci plein d'ardeur pour le rétablissement de la discipline, passa plusieurs jours à lire publiquement au peuple le livre de la loi qu'il tenoit entre ses mains, le lui lisant quatre fois le jour & autant de fois pendant la nuit, & il exhortoit puissamment ceux qui l'écoutoient, à pratiquer les régles saintes qu'elle prescrit. Il est expressément ordonné à

EO ánimo cordísque desidério accensi, imitémur duos gravíssimos viros Jósuam & Esdram. Hic instaurándæ disciplínæ stúdio exardéscens, librum legis quem manu sumpsit, áliquot diébus distínctè legit, quater diu, & tótidem noctu ; pópulumque ad illíus executiónem mirabíliter excitávit. Jósuas ítidem, quò posset accurátiùs ómnia legis institúta vitæ suæ móribus exprímere, li-

brum legis perpétuò in manu habére, & singula expéndere jubétur. Non recédat, inquit Deus, volúmen legis hujus. Et quóniam lectiónis stúdium parùm útile est, nisi ánimi commendátio accédat, ea verba adjunguntur : Et meditáberis in eo diébus & nóctibus; nempè tantá assiduitáte, quæ omnem prorsus negligéntiam exclúdat. Cùm autem hæc ipsa ánimi voluntas, & meditatiónis stúdiũ parùm quoque possit, nisi quæ légibus institúta sunt, ad executiónis usum inducantur, sequuntur illa verba : Ut custódias & fácias ómnia.

Josué d'avoir toujours entre ses mains ce livre sacré, d'en faire une étude continuelle & scrupuleuse; afin de régler ses mœurs sur les préceptes qui y sont renfermés. Que le livre de la loi, lui dit le Seigneur, ne s'éloigne jamais de vous : qu'il soit toujours présent à vos yeux. Cependant comme l'étude de la loi est peu utile, si elle n'est jointe à la pratique, le Seigneur ajoute aussi-tôt : Ayez soin de la méditer jour & nuit ; c'est-à-dire, qu'il le devoit faire avec cette assiduité qui ne souffre aucune négligence. Mais parce que ce desir d'approfondir la loi par une méditation continuelle ne suffit pas encore, si elle n'est suivie de l'exécution de ce que cette loi ordonne, le Seigneur conclut par ses paroles :

Afin que vous fassiez tout ce qu'elle prescrit.

Leçon vj.

L'Attente de notre troupeau est encore un nouveau motif qui doit animer notre zéle. Rappellons - nous cette vaste piscine probatique qui avoit cinq portiques. Considérons - y cette multitude de malades, d'aveugles, de boiteux, qui attendent le mouvement de l'eau. Ils attendent pour leur guérison que l'eau soit agitée par l'action d'une charité consolante. Que notre zéle reçoive de nouvelles forces de leurs cris, dans lesquels je crains d'entendre le langage touchant du peuple Juif qui imploroit le secours d'Esdras. Revêtez-vous de force, lui disoit-il, armez-vous de courage, agissez. C'est à vous à ordonner : nous sentons le besoin que nous avons que vous travailliez à guérir nos ames ; c'est

*A*D accensæ autem voluntátis nostræ stúdium atque officium, nos étiam inflammet desidérium gregis. Proponámus nobis ob óculos probáticam illam piscinam, amplam, pórticus quinque habentem ; & in iis prospiciámus multitúdinem magnam languéntium, cæcórum, claudórum, expectántium aquæ motum. Hi omnes expectant aquæ motum, agitatiónem consolatiónum nostrárum. Ac jam dénique exardescentem stúdio ánimum nostrum étiam atque étiam éxcitet eórum clamor, quem audíre véreor in ea verba prorumpentem, quibus olim *pópulus Hebræus Esdræ opem implórans: Confortáre, & fac. Tuum est decérnere. Nos, inquit, salutáribus curatiónibus opus habémus: vestrum est ægriúdines nostras disquírere, appositèque curáre. Curáte, quæsumus; animoque magno sanáte.*

à vous à examiner la nature de nos maladies, & à y appliquer les remédes nécessaires pour une parfaite guérison: pansez nos plaies, nous vous en conjurons; que rien ne vous arrête: procurez - nous une santé réelle & durable.

AU III. NOCTURNE.

Leçon vij.

Léctio sancti Evangélii secundùm Matthæum.

Lecture du saint Evangile selon saint Matthieu. *Ch. 6.*

IN illo témpore; Dixit Jesus discípulis suis: Nolíte thesaurizáre vobis thesauros in terra. Et réliqua.

EN ce tems-là; Jesus dit à ses disciples: Ne vous faites point de trésors sur la terre. Et le reste.

Homília sancti Joannis Chrysóstomi.

Homélie de saint Jean Chrysostôme.

Homil. 20. aliàs 21. in Matth.

AUdiámus Christum monentem ac dicentem: Nolíte thesau-

ECoutons Jesus-Christ qui nous dit: Ne vous faites point de trésors sur la terre. Mais, me direz-vous peut-être, que me sert-il d'entendre ce que Jesus - Christ me dit, puisque je suis toujours dominé par la passion de l'avarice ? Je vous répondrai, qu'en continuant à écouter la parole de Dieu, elle vous délivrera enfin cette parole d'une passion si honteuse ; ou que si vous y demeurez toujours attaché, il faut que vous conveniez qu'il y a en vous quelque chose qui est plus qu'une passion, qu'un desir. Car pût-on jamais désirer d'être esclave, d'être assujetti à un tyran, d'être environné & chargé de chaînes pesantes, de languir dans les ténébres, d'avoir toujours l'esprit agité & déchiré, de souffrir mille peines sans aucun fruit, de conserver avec inquiétude ses biens pour d'autres,

rizáre vobis thesauros in terra. Et quid mihi próderit doctrinam audíre, cùm à cupiditáte detinear? Sanè quidem frequens doctrínæ audítus cupiditátem dissólvere póterit. Quòd si detentus permáneas, cógita rem illam non esse ámpliùs cupiditátem. Quæ enim cupíditas, duríssimæ servitúti esse subjectum, tyránnidi subjacére, & úndique alligári, in ténebris versári, & tumultu plenum esse, labóres ferre infructuósos, áliis pecúnias serváre, sæpè autem inimícis? Quâ ergo hæc concupiscéntiâ digna sunt ? Imò quânon fugâ & cursu sunt relinquenda? Quæ concupiscéntia thesauros inter sures recóndere ? Si enim omníno divítias concupíscis, illas eò transfer, ubi possunt tutæ & integræ manére. Certè quæ nunc facis, non sunt concupíscentis pecúnias, sed servitútem, damna, multas, doloremque perpétuum.

souvent même pour ses plus grands ennemis ? Qu'y a-t-il en cela qu'un homme raisonnable puisse désirer, & qu'il ne doive pas fuir au contraire avec aversion & avec horreur ? Peut-on désirer raisonnablement de mettre son trésor en un lieu exposé à tous les voleurs ?

Si vous aimez votre argent, mettez-le en un lieu où il ne puisse être dérobé. Mais vous agissez en cela d'une telle sorte, qu'il semble que vous ne désiriez pas tant d'être riche que d'être esclave, que d'être misérable, que d'être toujours dans le chagrin & dans l'ennui.

Leçon viij.

SI quis tibi homo locum in terra inviolábilem osténderet : étiamsi te in desértum edúceret, promittens pecúniis tuis securitátem, non cunctaréris, neque recusáres : sed pecúnias ibi cum fidúcia depóneres. Deo au-

SI quelqu'un vous montroit un lieu assuré où vos trésors pussent être gardés, sans que vous eussiez aucun sujet de crainte, vous n'hésiteriez pas, & vous suivriez cet homme jusques dans le désert le plus affreux. Hélas! Dieu vous offre cette sûreté, non au fond d'un désert, mais dans le ciel; & vous ne voulez pas l'écouter ? Mais je veux que vos trésors soient ici - bas dans une sûreté entiére ; du moins avouez que vous ne pouvez être à leur égard sans quelque inquiétude. Vous pouvez bien ne les perdre pas : mais pouvez-vous ne point craindre de les perdre ? Or que pouvez-vous craindre après l'assurance que vous donne un Dieu ? Non - seulement votre or sera en sûreté; mais il profitera, mais il se multipliera entre ses mains. Le même argent sera en même tems pour vous un trésor & une semence. Que dis-je ? vous y trouverez encore quelque chose de plus : car la semence ne demeure plus à celui qui l'a semée ; mais votre trésor vous demeurera toujours. Un trésor

tem, non hómine, id tibi promittente, nec desertum, sed cœlum proponente, contrária áccipis ? Quamquàm etiamsi tutíssimè jáceant repósitæ ; tu numquam sollicitúdine vácuus esse possis. Etiamsi enim non perdas, numquam à sollicitúdine liberáberis. Illíc autem nihil prorsus tale patiéris ; atque, quod est majus, aurum non défodis tantùm, sed séminas. Idipsum enim est & thesaurus & semen ; imò utróque majus. Semen quippe non manet semper ; ille verò thesaurus manet perpétuò. Rursum, thesaurus hîc non gérminat ; ille verò immortáles tibi fructus parit. Donec ígitur tempus habé-

mus, multam nobis parémus fidúciam : ómnia transferámus in cœlum ; ut in opportúno témpore, quo maximè his egémus, ómnibus fruámur, grátiâ & benignitáte Dómini nostri Jesu Christi, cui glória & impérium, nunc, & semper, & in sécula seculórum. Amen.

ne produit rien dans la terre, & ne germe pas ; mais celui-ci produit des fruits qui ne périront jamais. Puis donc qu'il nous reste encore du tems, faisons - nous un trésor de confiance : mettons tout en dépôt dans le ciel ; afin que lorsque nous serons dans le besoin, nous le retrouvions pour en jouir éternellement par la grace & la miséricorde de notre Seigneur Jesus-Christ, à qui appartient toute gloire & tout empire, maintenant & toujours, dans les siécles des siécles. Amen.

Leçon ix.

L'Homélie sur l'Evangile du Dimanche.

A LAUDES.

Le Cantique de la Fête.

Mémoire du Dimanche, & autres, s'il est nécessaire.

A PRIME.

On ne dit point le Symbole Quicumque.

A LA MESSE.

[On est tout occupé de la charité de saint Charles: il l'a portée si loin, & elle est aujourd'hui si rare, qu'on ne croit pas pouvoir mieux faire que de remettre un tel exemple devant les yeux, & de demander à Dieu qu'il soit suivi.]

INTROÏT. *Job.* 29. *Pf.* 40.

J'Ai été l'œil de l'aveugle & le pied du boiteux : j'étois le pere des pauvres. *Pf.* Heureux celui qui est attentif sur les besoins du pauvre & de l'indigent : le Seigneur le délivrera au jour de l'affliction. Gloire. J'ai.

OCulus fui cæco, *& pes claudo : pater eram pauperum.* Pf. *Beatus qui intélligit super egénum & pauperem : * in die mala liberábit eum Dóminus. Glória. Oculus.*

COLLECTE.

SEigneur, que saint Charles a rassasié dans celui qui avoit faim, qu'il a recueilli dans celui qui étoit étranger, qu'il a revêtu dans celui qui étoit nud, qu'il a visité dans la personne du malade & du prisonnier : faites par son intercession, que

TU, Dómine, *quem sanctus Póntifex Cárolus esurientem pavit, hóspitem collégit, coopéruit nudum, infirmum & in cárcere visitávit : fac, quæsumus, eódem intercedénte, ut parátum à constitutió-*

ne mundi benedíctis Patris tui regnum unà cum ipso possidére mereámur: Qui cum eódem Deo Patre & Spíritu sancto vivis.

devenus ses imitateurs, nous méritions d'être admis avec lui à la possession du royaume préparé aux bénis de votre Pere céleste : Vous qui étant Dieu vivez, &c.

Mémoire du Dimanche occurrent, & autres, s'il est nécessaire.

EPITRE.

Lectio Libri Tobiæ.
Cap. 4.

EX substantia tua fac eleemósynam, & noli avértere fáciem tuam ab ullo páupere : ita enim fiet, ut nec à te avertátur fácies Dómini. Quómodo potúeris, ita esto miséricors. Si multum tibi fúerit, abundanter tríbue : si exiguum tibi fúerit, étiam exiguum libenter impertíri stude. Præmium enim bonum tibi thesaurízas in die necessi-

Lecture du livre de Tobie.

Faites l'aumône de votre bien, & ne détournez votre visage d'aucun pauvre : car de cette sorte le Seigneur ne détournera point non plus son visage de dessus vous. Soyez charitable en la maniére que vous le pourrez. Si vous avez beaucoup de bien, donnez beaucoup ; si vous avez peu, ayez soin de donner de ce peu même de bon cœur : car vous amasserez ainsi un grand trésor, & une grande récompense pour le jour de la nécessité ; parce que l'aumône délivre de tout péché & de la mort, & qu'elle ne laissera point tomber l'ame dans les ténébres. L'aumône sera le sujet d'une grande confiance devant le Dieu suprême , pour tous ceux qui l'auront faite.

tátis ; quóniam eleemósyna ab omni peccáto & à morte líberat , & non patiétur ánimam ire in ténebras. Fidúcia magna erit coram summo Deo eleemósyna , ómnibus faciéntibus eam.

GRADUÈL. *Job. 29.*

L'Œil qui me voyoit me rendoit témoignage, en publiant que j'avois délivré le pauvre qui crioit , & l'orphelin qui n'avoit personne pour le secourir. ℣. Celui qui étoit prêt de périr me combloit de bénédiction; & je remplissois de consolation le cœur de la veuve.

OCulus videns testimónium reddébat mihi , eò quòd liberassem páuperem vociferantem , & pupillum cui non esset adjútor. ℣. Benedíctio peritúri super me veniébat ; & cor víduæ consolátus sum.

Allelúia , allelúia.

℣. Il donne & prête tout le jour : sa postérité sera en bénédiction. Alleluia.

℣. Totâ die miserétur & cómmodat : semen illíus in benedictióne erit. Allelúia. Ps. 36.

La Prose comme au jour de la Fête, p. 107.

Sequéntia sancti Evangélii secundùm Matthæum.

IN illo témpore ; Dixit Jesus discípulis suis : *Nolíte thesaurizáre vobis thesauros in terra , ubi ærúgo & tínea demolítur , & ubi fures effódiunt & furantur. Thesaurizáte autem vobis thesauros in cœlo , ubi neque ærúgo , neque tínea demolítur , & ubi fures non effódiunt nec furantur. Ubi enim est thesaurus tuus , ibi est & cor tuum.*

Suite du saint Evangile selon saint Matthieu.

Chap. 6.

EN ce tems-là ; Jesus dit à ses disciples : Ne vous faites point sur la terre de trésors , que les vers & la rouille mangent , & que les voleurs déterrent & dérobent ; mais faites-vous des trésors dans le ciel , où les vers & la rouille ne les mangent point , & où il n'y a point de voleurs qui les déterrent , & qui les dérobent. Car où est votre trésor , là aussi est votre cœur.

OFFERTOIRE. *Eccli.* 46.

Invocávit Dóminum omnipotentem, in oblatióne Agni invioláti.

Il a invoqué le Dieu tout-puissant, en lui offrant le sacrifice de l'Agneau sans tache.

SECRETE.

UT amóris tui sacramentum dignius celebrémus,

SEigneur, qui par votre grace avez rendu le saint Pontife Charles le pere des pauvres : accordez-nous par ses priéres les mêmes entrailles de charité, dont vous l'avez rempli ; afin que nous puissions avec plus de fruit célébrer ce sacré Myſtére de votre amour: Nous vous en ſupplions par N. S. J. C.

ea caritátis viſcera quæ ipſi infudiſti, Dómine, obtíneat & nobis ſanctus Sacerdos tuus Carolus, quem páuperum patrem effeciſti ; Per Dóminum noſtrum Jeſum Chriſtum Fílium tuum.

Mémoire du Dimanche.

La Préface comme au jour de la Fête, p. 114.

COMMUNION. 1. Joan. 5.

Dieu nous a donné la vie éternelle ; & c'eſt dans ſon Fils que ſe trouve cette vie. Celui donc qui a le Fils, a auſſi la vie.

Vitam æternam dedit nobis Deus ; & hæc vita in Fílio ejus eſt. Qui habet Fílium, habet vitam.

POSTCOMMUNION.

SEigneur, qui nous avez aimés le premier : faites que nous ayons pour nos freres cet amour qui ne leur ferme jamais les entrailles de la miſéricorde, & qu'à l'exemple de ſaint Charles, nous donnions à

QUi prior dilexiſti nos, Dómine, fac diligámus fratres noſtros, ut numquam ab eis claudámus viſcera noſtra ; ſed pótius ſancti Cároli Pontificis imitatóres, tri-

buámus , unufquifque prout accépit , fratri noftro neceffitátem habenti ; Per Dóminum noftrum Jefum Chriftum Filium tuum , qui tecum vivit & regnat in unitáte Spíritûs.

celui qui eft dans le befoin , felon ce que nous avons reçu de vous : Nous vous en fupplions par notre Seigneur Jefus-Chrift votre Fils, qui étant Dieu vit & régne avec vous en l'unité du Saint-Efprit.

Mémoire du Dimanche.

A la fin de la Meffe on lit. l'Evang. du Dim.

[*Si ce Dimanche arrive le 8. de ce mois , tout l'Office eft des faintes Reliques , avec Mém. de faint Charles , aux I. Vêpres , à Laudes , à la Meffe , & aux II. Vêpres , avant celle du Dimanche. On ne lira point l'Homélie de ce Dimanche dans l'Octave à l'Office de la Nuit , ni fon Evangile à la fin de la Meffe ; mais on lira celle du Dimanche occurrent , dont on fera Mémoire après celle de faint Charles.*

S'il arrive avant le 8. on fera Mémoire de l'Octave de la Touffaint après celle du Dimanche aux deux Vêpres , à Laudes , & à la Meffe. Si on fait Mém. de quelque Saint , on n'en lit point la Légende à l'Office de la Nuit ; ce qui s'obfervera de même , fi ce Dimanche arrive le 9. ou le 10. du mois.

Enfin fi ce Dimanche arrive le 11. du mois , alors on omettra cette année l'Office du Dimanche de l'Octave , & l'Office fe fera comme il eft ordonné pour ce jour.

V. NOVEMBRE.
Leçon ij.

Sermon de saint Charles Evêque.

Orat. in Concil. 2. Mediol.

D'Où peuvent venir ces anciennes héresies qui avoient été autrefois éteintes, & que nous voyons reparoître de nos jours? Elles n'ont d'autre source que la dépravation des mœurs. Car comme les anciennes maladies reviennent, lorsque le corps est affligé de quelqu'incommodité; ainsi voyons-nous par la corruption des mœurs qui régne parmi nous, renaître la contagion des erreurs qui avoient en différens tems affligé l'Eglise, & dont elle avoit triomphé par le courage & la piété de nos Peres. Dans ces tristes conjonctures, voyons, nous qui sommes les mé-

Sermo sancti Caroli Episcopi.

UNde tot véteres hæreses, quæ olim restinctæ, in hæc témpora incidérunt, nisi ex depravátis contamminatijque géntium móribus? Ut enim vetus áliquis morbus recrudéscit, si recenti vel levíssimo malo corpus affícitur; sic hæresum pestem, quibus jam Ecclésia váriis tempóribus vexáta est, antiquórum Patrum virtútibus tamquam salutáribus remédiis olim compressam, nostrórum témporum corruptelâ, quasi véterem morbum ingravéscere vidémus. In hoc igitur

tur rerum discrími-
ne vidéte quanta
nobis, qui animá-
rum médici sumus,
necéssitas impósita
est. Hoc nostrum mu-
nus est, hoc nostrum
officium, tamquam
è spécula quadam
perícula prospícere;
eaque propéllere nos
oportet, si quæ iis
imminent qui in
nostra fide, nostrá-
que curâ conquiés-
cunt; si parentes,
item filiórum inco-
lumitáti paternam
curam adhibére; si
Pastóres, ab óvi-
bus quas sacrosanctâ
morte suâ Christus
Jesus ex inferi fáu-
cibus atque ore erí-
puit, numquam ócu-
los dejícere; & si
quæ impúrâ vitió-
rum labe extabés-
cunt, salis acrimó-
niâ sanáre; si quæ

decins des ames, ce que
nous avons à faire pour
les guérir. Il est de notre
devoir & de notre mi-
nistére, d'appercevoir
de loin les maux, d'ar-
rêter leur progrès, &
d'en préserver ceux qui
se reposent sur nos soins
& notre vigilance. Si
nous nous regardons
comme les peres de nos
peuples, veillons à la
conservation de nos en-
fans. Si nous en som-
mes les Pasteurs, ayons
toujours les yeux sur les
ouailles que Jesus Christ
par sa mort a tirées du
gouffre de l'enfer. S'il
s'en trouve qui soient
atteintes de la contagion
des vices, appliquons-
leur le sel de la sagesse
pour les guérir. S'il y en
a qui soient dans les té-
nébres de l'erreur, fai-
sons luire à leurs yeux
le flambeau de la vérité.

demum in morum ténebris aberrantes sunt, iis
prælucére debémus.

I

LEÇON iij.

CAr comme Dieu, créateur de l'univers, lorsqu'il forma le ciel que nous voyons, l'orna d'une multitude d'étoiles qui empruntent leur éclat du soleil, pour éclairer la terre pendant la nuit : de même dans la création du monde spirituel, Dieu a placé dans son Eglise, comme dans un firmament, les Prophétes, les Apôtres, les Pasteurs, les Docteurs, qui tirant leur lumiére de Jesus-Christ, soleil éternel, président à ce siécle obscur, & dissipent les ténébres de l'esprit humain par l'éclat & la sainteté de leur doctrine. Et puisque la Sagesse céleste nous a établis pour succéder aux Apôtres, comme les enfans succédent à leurs peres, pourquoi ne serons-nous pas les imitateurs

NAm ut summus ille rerum Opifex princípio cùm cœlum, quod intuémur, effecit, stellárum multitúdine ornávit, quæ solis splendóre illustrátæ, in nocte super terram lúcerent : sic in spirituáli hujus séculi renovatióne pósuit in Ecclésia, tamquam in quodam cœli firmamento, Prophétas & Apóstolos, Pastóres & Doctóres, qui quasi stellæ sempiterni illius solis Christi Dómini lúmine illustráti, huic tenebrósi séculi caligini præessent, & ab humánis méntibus ténebras depéllerent quodam illustris sanctæque doctrínæ splendóre. Nos igitur quos cœlestis

Sapiéntia paſtóres eſſe, & Apoſtolórum tamquam in parentum locum ſuccédere vóluit; quid eſt cur eos parentes, eos duces, eos magiſtros non imitémur? Nos qui eórum locum tenémus, ofque Dómini ſumus, & à quorum lábiis, tamquam ab Angelis Dñi exercítuum, pópuli legem requírunt, doceámus hómines ambuláre ut filios lucis, & afferre fructus lucis in omni juſtítia, & bonitáte & veritáte; probántes quid ſit beneplácitum Deo, nec communicántes opéribus infructuófis tenebrárum.

de nos peres, de nos chefs, de nos maîtres? Nous qui tenons leur place, qui ſommes la bouche du Seigneur, & des lévres deſquels, comme des miniſtres du Dieu des armées, les peuples attendent l'intelligence de la loi du Seigneur, apprenons aux hommes à marcher comme des enfans de lumiére, & à en produire les fruits dans toute ſorte du juſtice, de bonté, de vérité, à rechercher avec ſoin ce qui eſt agréable à Dieu, & à ne point prendre part aux œuvres infructueuſes des ténébres.

A LAUDES, Mémoire de l'Octave de la Touſſaint.

A VESPRES, Mémoire de tous les Saints, & de ſaint Léonard, Ant. Qui confídunt. ℣. Sperent. *au Commun des Juſtes. Oraiſon propre.*

VI. NOVEMBRE.
Leçon ij.

Sermon de saint Charles Evéque.

Sermo sancti Caroli Episcopi.

Undè suprà.

IL est évident que ce seroit une chose honteuse & même horrible, si n'étant que les ambassadeurs de Jesus-Christ & les ministres de Dieu, nous cherchions nos intérêts préférablement à ceux de Dieu & de Jesus-Christ. Il faut donc qu'après nous être dégagés nous-mêmes de toutes cupidités, n'ayant les yeux tournés que vers le Ciel, ne cherchant plus nos intérêts, ni la gloire de ce monde, insensibles à tout ce qui nous regarde, à l'idée que les peuples peuvent se former de nous, à la vaine gloire & aux louanges, nous ne servions que Jesus-Christ, à qui nous devons sans

Perspicuum est, quàm turpè, quàm detestabile sit in eo quod Christi legatióne fúngimur, Deíque minístri sumus, si non Christum ipsum, non quæ Dei sunt, sed quæ nostra quærámus. Oportet ígitur nos, depósitis cupiditátum nostrárum perturbatiónibus, oculísque mentis in cœlum conjéctis, non utilitátes nostras, non cómmoda, non hóminum honóres spectémus; non rebus nostris, non populáribus stúdiis, non laudi, non glóriæ nostræ, sed Christo serviámus, cui omnem glóriam, omnem laudem, omnem honórem debémus. Neque enim est cur aut nobis ipsis, aut homínibus placeámus: siquidem quis inde fructus, si nos ipsos amantes, ánimæ nostræ jactúram faciámus? Et quæ utilitas nobis exístet, si iram Dei in nos concitantes, hóminum benevoléntiam populári quâdam indulgéntiâ conciliémus? Audiámus Paulum clamantem: Si homínibus placérem, Christi servus non essem. Díssipat Deus ossa eórum qui homínibus placent, inquit Prophéta. Ergo ad Dei voluntátem tamquam certam normam, consília, cogitatiónes, stúdia &

partage toute gloire, toute louange, tout honneur. Car nous n'avons pas lieu de nous glorifier en nous-mêmes, ni aux yeux des hommes. Quel avantage en effet nous reviendroit-il de cette fausse complaisance, si nous venons à perdre notre ame? Quel fruit tirerons-nous de notre travail, si en nous conciliant la bienveillance des hommes par une condescendance criminelle, nous attirons sur nous la colére de Dieu? Ecoutons l'Apôtre saint Paul, qui crie de toutes ses forces: Si je cherchois à plaire aux hommes, je ne serois plus serviteur de Jesus-Christ. Dieu brise les os de ceux qui cherchent à plaire aux hommes, dit un Prophéte. Dirigeons donc toutes nos résolutions, nos pensées, nos desirs & nos actions sur la volonté de Dieu, comme la seule régle infaillible.

actiónes noſtras dirigámus.

Leçon iij. *de S. Léonard, comme au Bréviaire.*

A LAUDES, Mémoire de la Touſſaint. & de S. Léonard. Ant. Qui facit. ℣. Proba me. *au Commun des Juſtes. Oraiſon propre.*

A LA MESSE, la ſeconde Oraiſon de la Touſſaint ; la troiſiéme de S. Léonard.

A VESPRES, Mémoire de la Touſſaint.

VII. NOVEMBRE.
Leçon ij.

Sermon de saint Charles Evêque.	*Sermo ſancti Cároli Epiſcopi.*

Undè ſuprà.

Nous ne devons pas être arrêtés dans l'exercice de notre miniſtére, ſoit parce que les enfans de perdition s'irritent de tout ce que nous faiſons pour leur guériſon, ſoit par les diſcours que l'on nous oppoſe, & que l'on emploie ordinairement comme des feuilles de figuier, pour couvrir & excuſer tout ce qui contribue à corrompre les

NOn eſt cur à múneris noſtri ratióne deterreámur ; vel quia noſtris ſtudiis actionibuſque ánimos eórum exulcerári vidémus, qui filii ſunt perditiónis; vel quia populáres illæ, quibus quaſi ficus fóliis deformes, pravique mores cóntegi ſolent, voces audiantur. Non ferunt

hæc témpora véterum Cánonum severitátem. Sic jam diù víximus, sic vixérunt, ita egérunt qui ætáte antecessérunt : vitæ institútum nihil est quod mutémus. At nos hæc, atque ádeò ália hujus modi contemnámus, proponamúsque nobis ob óculos libertátem illam spíritûs & virtutem, quâ armáti patres nostri Apóstoli, quâ muníti Mártyres, quâ instrúcti sanctíssimi Athanásius, Chrysóstomus, Ambrósius, quâ affécti álii religiósi viri, apostólico quodam animórum ardóre flagrantes, nullis non minis, non hóminum clamóribus, non furóribus quasi tribunítiis fracti nec debilitáti, pro Dei

mœurs. Il n'est pas possible, dit-on, de vivre à présent selon les régles qui ont été autrefois en usage. C'est ainsi que nous avons été élevés, & c'est ainsi qu'ont vécu ceux qui ont été avant nous. Il n'y a point de raison de nous faire changer notre maniere de vivre. Méprisons tous ces discours; rappellons-nous cette liberté d'esprit & de courage dont les Apôtres qui sont nos peres étoient animés : rappellons-nous la constance inébranlable des Martyrs ; rappellons-nous cette force qui à paru dans les Athanases, les Chrysostomes, les Ambroises, & dans tant d'autres saints personnages. Comme ils étoient tout brûlans du zéle apostolique, les menaces, les clameurs des méchans, leurs discours emportés n'étoient pas capables de les arrêter. Ils combattoient hardiment pour la gloire de Dieu, pour le salut de leur troupeau. C'étoit avec courage qu'ils faisoient usage des saintes régles établies, pour punir les coupables selon la griéveté de leurs fautes.

glória, pro gregis commíssi salúte, forti constantíque ánimo adhibuérunt illam quasi censóriam virtútem, acérrimam peccatórum víndicem.

LEÇON iij.

A Leur exemple, armons-nous du courage évangélique & de la constance des Apôtres ; rien n'est plus louable ni plus nécessaire dans des pasteurs. Agissons sans crainte : montrons de la force ; pratiquons ce que l'Evangile nous enseigne, ce que Jesus-Christ ordonne, ce que la raison exige, ce qui est important au salut du troupeau, enfin ce que l'autorité & la dignité de l'Eglise demande de nous. Si nous nous conduisons autrement, comment paroî-

E Orum exemplo, adducti nos quoque Apostólicâ illâ constántiâ & evangélicâ virtúte, quâ nihil in Ecclesiásticis pastóribus illústrius, nihil magis necessárium, sine metu & constanter agámus, atque ádeò perficiámus quod Evangélium docet, quod Christus jubet, quod rátio præcipit, quod gregis salus, quod Ecclésiæ auctóritas dignitásque póstulat. Nam si contra à nobis fiet, iu formidolóſo illo Dei judício, cùm ani- márum, quæ in fi- dem & curatiónem nobis tráditæ ſunt, ratiónem reddémus ; tum aliórum nos ac- cuſántium vociſera- tiónes, & iráti Jú- dicis nos item acer- bè objurgantis eas voces audiémus : Si ſpeculatóres erátis, cur cæci ? Si paſtó- res, cur gregem vo- bis commiſſum errá- re permiſiſtis ? Si ſal terræ, quómodo eva- nuiſtis ? Si lux erá- tis, cur ſedéntibus inténebris & umbra mortis non illuxi- ſtis? Si Apóſtoli, cur apoſtólicâ virtúte non uſi, cunĉta é- giſtis ad hóminum óculos ? Si os Dómi- ni, cur muti ? Si vos huic óneri impares ſentiebátis, cur tam ambitióſi ? Si pares,

trons-nous au redouta- ble jugement de Dieu , lorſque nous y rendrons compte des ames dont le ſoin & le ſalut nous au- ront été confiés ? Com- ment ſupporterons-nous les cris de nos accuſa- teurs, les reproches que nous ſera le juſte Juge , ce Juge irrité ? Si vous étiez ſentinelles dans Iſ- raël , nous dira - t - il , pourquoi étiez - vous aveugles ? Si vous étiez paſteurs, pourquoi avez- vous laiſſé égarer le troupeau qui vous étoit confié ? Si vous étiez le ſel de la terre, pourquoi êtes-vous devenus inſipi- des ? Si vous étiez la lu- miére, pourquoi n'avez- vous pas éclairé ceux qui étoient dans les té- nébres & la région de la mort? Si vous étiez Apô- tres, pourquoi n'avez- vous pas eu un courage apoſtolique , pourquoi vous êtes-vous conduits

selon l'œil de l'homme?
Si vous étiez la bouche
du Seigneur, pourquoi
avez-vous été muets ?
Si vous trouviez le far-
deau au-dessus de vos
forces, pourquoi l'a-
vez-vous recherché ? Si
vous pouviez le porter,
pourquoi avez-vous été
lâches & paresseux? Rien
n'a-t-il été capable de
vous toucher ? ni la voix
des Prophétes, ni les loix
de l'Evangile, ni l'e-
xemple des Apôtres ; la
piété, la religion, le
triste état de l'Eglise, le
jour terrible du juge-
ment de Dieu, les ré-
compenses promises,
les menaces effrayantes
d'un supplice éternel,
rien n'a-t-il été capable
de faire impression sur
vous ? Pensons souvent
aux menaces de ce terri-
ble Juge; afin qu'excités
par cette effrayante vue,
nous ne soyons plus ti-
mides, lâches, négligens

cur ita désides, ita
negligentes ? Ni-
hil vos Prophetárum
voces, nihil vos E-
vangelii leges, nihil
Apostolórum exem-
pla, nihil pietas,
nihil religio, nihil
Ecclésiæ labentis
status, nihil formi-
dolósus judicii dies,
nihil præmia, nihil
supplicia, æterni-
que cruciátus mové-
runt ? Has horribiles
iráti Júdicis voces
nobiscū ánimo men-
teque reputémus ;
ut iis atque ádeò
áliis excitáti, non
remissè, non léni-
ter, non tímidè, non
negligemer, non
dissimulanter, sed
sincérè & constanti
sanctáque sollicitú-
dine, Deum solum
spectantes ; quod
in nostro officio,
nostrеque múnere
pósitum est, agá-

dans nos fonctions ; *mus & perficiamus.*
mais au contraire ne re-
gardant plus que Dieu, nous nous acquittions
de notre devoir avec une sollicitude pleine
de courage & de fermeté.

*A LAUDES, & à la Messe, Mémoire
de l'Octave de tous les Saints.*

*VESPRES de la Fête suivante , avec
Mémoire de S. Charles.*

*[S'il est Samedi, on en fera Mémoire aprè s
celle de S. Charles.]*

*COMPLIES, comme la veille de la Toussaint,
avec la Doxologie , SIT laus , à l'Hymne.*

VIII. NOVEMBRE.

LA FESTE DES STES. RELIQUES ,
ET L'OCTAVE DE TOUS LES SAINTS.
Double-mineur.

*Tout l'Office comme au Bréviaire : à Laudes
le Cantique de la Toussaint. Mémoire de saint
Charles à Laudes , à la Messe & aux Vêpres.*

A PRIME , le ℣. Qui es Pastor magnus
óvium, *au Répons ; & la Doxologie,* SIT laus,
*à l'Hymne , comme aussi à celles de Tierce ,
Sexte , None & Complies seulement. Aux Répons des petites Heures , on ajoute deux Allelúia.*

A LA MESSE, la Préface de la Toussaint.

A VESPRES, Mémoire de S. Maturin, après celle de S. Charles.

[S'il est Dimanche, on en fera Mémoire après celle de S. Charles ; & on lira l'Homélie de ce Dimanche pour neuviéme Leçon à l'Office de la Nuit, & l'Evangile à la fin de la Messe.]

IX. NOVEMBRE.

Leçon ij.

Sermon de saint Charles Evêque.

Sermo sancti Cároli Epíscopi.

Orat in Conc. 4. Mediol.

COnsidérez bien que le soin, la sollicitude & la vigilance que nous devons à nos troupeaux, doit se mesurer sur l'amour infini que nous reconnoissons tous devoir à J. C. Si vous m'aimez, dit-il, paissez mes ouailles. Nous ne pouvons pas lui en donner des preuves plus éclatantes que dans le soin & le zéle que nous montrerons dans la con-

VIdéte curam, sollicitúdinem, & vigilántiam; quæ in grege tanta adhibenda est, quantam sanè máximam caritátem Christo debéri omnes profitémur. Si díligis me, inquit, pasce oves meas. Hoc sanè illústrius veræ erga illum dilectiónis testimónium datur, quò majus in omni gregis pascendi ratióne stúdium operaque collocátur. Cértè si Christum, ut debémus, diligimus; si Christi glóriæ servímus, si Christi regni propagatiónem cúpimus, si Christo gratificári vólumus, id præstantissimâ erga gregem nobis commissum caritáte, non verbis declaráre solùm, sed factis comprobáre nos oportet. Id sanè præstábimus, si non labóribus detérriti, non difficultátibus labefactáti, non sátanæ colluctatiónibus fracti, ab institúti óperis cursu numquam desistémus : sed divíni amóris igne accénsi, omni virtútum stúdio contendémus, ut pópulum & purgémus, & illustrémus, & per-

duite du troupeau qui nous est confié. S'il est vrai que nous aimions Jesus - Christ comme nous le devons, si nous ne cherchons que sa gloire, si nous ne désirons rien plus ardemment que l'avancement de son régne, si nous voulons le servir utilement, nous ne nous contenterons pas seulement de le dire, mais nous en donnerons la preuve par nos œuvres, & par l'amour que nous témoignerons à nos ouailles. Nous le ferons, si nous ne nous laissons point effrayer par le travail, rebuter par les difficultés, vaincre par les obstacles du démon ; mais au contraire tout brûlans du divin amour, nous ferons tous nos efforts par la pratique exacte de toutes les vertus, par un travail assidu, pour purifier notre peuple, l'éclairer, le conduire à la perfection, & lui mériter par tous ces différens dégrés d'avancement, le séjour de la vie éternelle.

ficiámus, hísque perpétuis progressiónum labóribus introducámus in tabernácula cœléstia.

LEÇON iij. *de S. Maturin; des deux n'en faisant qu'une.*

A LAUDES, & à la Messe, Mémoire de S. Maturin.

A VESPRES, Mémoire de saint Leon, de saint Maturin, & de saint Martin, Pape & Martyr.

X. NOVEMBRE.

LEÇON ij.

Sermon de saint Charles Evêque.

Sermo sancti Cároli Epíscopi.

Orat. in Concil. 5. Mediol.

Loin de nous le langage de ces hommes qui trompent les peuples en leur annonçant la paix, lorsqu'il n'y a point de paix. C'est avec bien de l'ignorance qu'ils osent parler ainsi. Ce sont des hommes

Explodantur illæ voces hóminum qui pópulum decípiunt, dicentes: Pax; & non est pax. Quàm imperitè hoc jáctitant! Quàm iniquo étiam ánimo sunt isti, qui curant

contritiónem filiæ pópuli mei cum ignomínia, dicentes: Pax, pax; & non est pax! An ubi malórum lues, pacis, concórdiæ & bonórum status? An ubi vária morbórum spécies, recta valetúdo? An ubi adhuc morum corruptelæ, disciplinæ perféctio? Atténdite, quæso, qui isti hómines sunt. Cùm tália díctitent, líniunt paríetem luto absque páleis, absque temperatúrá: & vident visiónem pacis; & non est pax. Longè absint à nobis voces istórum qui consuunt pulvillos sub omni cúbito manûs, & fáciunt cervicália sub cápite univérsæ ætátis, ad capiendas ánimas. Næ in his adulatiónum vo-

pervers, remplis d'iniquité, dit le Seigneur, qui guérissent d'une maniere honteuse les plaies de mon peuple: en disant: La paix, la paix; & il n'y a point de paix. Quoi donc, la justice, la paix, la tranquillité se trouvent - elles où l'on remarque tant de maux & de désordres? La santé parfaite peut - elle être joinre avec tant de maladies? Le bon ordre, la régularité peuvent-ils subsister avec une corruption de mœurs si générale? Considérez bien, je vous prie, ce que font ces hommes qui parlent ainsi. Ils enduisent la muraille avec de la boue seule, sans y rien mêler, pas méme de la paille. Ils ont pour mon peuple des visions de paix, lorsqu'il n'y a point de paix. Loin de nous la conduite de ces hommes qui préparent des couffins pour les mettre fous tous les coudes, & qui font des oreillers pour appuyer la tête des perfonnes de tout âge, pour furprendre & tromper les ames. Ne nous raffurons point fur les difcours flatteurs de ces hommes, qui ne tendent qu'à nous tromper, & qui ne féduifent malheureufement que trop les peuples par ces appas : car ils difent que le bien eft mal, & que le mal eft bien. O mon peuple, qui pourra faire l'énumération des maux qui vous environnent de toute part ? Cependant ces méchans vous éloignent encore plus par leurs flatteries de la voie du falut. O mon peuple, ceux qui au milieu de tant de maux vous appellent heureux, ne cherchent qu'à vous féduire, & à rendre votre retour à la juftice plus rare & plus difficile.

cibus, vocumque blandítiis, cùm nos fállere ftudent, tum iftis étiam illécebris pópulos decípiant ; dicunt enim bonum malum, & malum bonum. O pópule meus, quis póterit ómnia mala quæ te úndique premunt, enumerando percenfére ? Audent tamen ifti à falútis via te adulatiónibus longius abdúcere. Pópule meus, qui te in tanta malórum collúvie beátum dicunt, ipfi te decípiunt, & viam greffuum tuórum diffipant.

Leçon iij. *de S. Leon. (On ne lit rien de S. Martin.*

A LAUDES, & *à la Meſſe*, *Mémoire de S. Leon* & *de S. Martin.*

VESPRES de la Fête ſuivante comme au Bréviaire. Mémoire du jour de l'Octave de S. Charles par l'Ant. & *le* ℣. *des premieres Vêpr.* & *l'Oraiſon*, Deus, *qui ſingulári. ci-après.*

(S'il eſt Samedi ou Dimanche, on en fait Mémoire après celle de S. Charles.) Enfin Mém. de S. Leon.

COMPLIES, *comme la veille de ſaint Charles.*

XI. NOVEMBRE.

S. MARTIN, EVESQUE DE TOURS,

ET L'OCTAVE DE S. CHARLES.

Solemnel - mineur.

Tout *l'Office comme au Bréviaire*, *hors ce qui ſuit.*

A LAUDES, *Mémoire de l'Octave de S. Charles par l'Ant.* & *le* ℣. *comme le jour de la Fête ;* & *l'Oraiſon*, Deus, *qui ſingulári. ci-après. Le Cantique du jour de ſaint Charles.*

AUX PETITES HEURES, *la Doxologie* Sit laus, *à la fin de l'Hymne : les* ℟℟. *avec deux* Allelúia.

A LA MESSE, *Mémoire de S. Charles*, *après l'Oraiſon de ſaint Martin*, *ſous la même concluſion*, *à moins qu'il ne ſoit Dimanche : car alors après la conclusion de l'Oraison de saint Martin, on dira pour deuxiéme Oraison celle de saint Charles, pour troisiéme celle du Dimanche, & à la fin de la Messe on lira l'Evangile du Dimanche.*

C O L L E C T E.

O Dieu, qui par un effet singulier de votre providence sur votre Eglise avez suscité saint Charles pour étre le restaurateur de la discipline, & faire revivre l'ancienne pureté des mœurs : accordez-nous par son intercession, ce zéle de votre maison, dont il a été embrasé, & une entiére sainteté de vie; afin que nous soyons en tout agréables à vos yeux, comme il l'a été lui-même par sa vigilance pastorale sur le troupeau que vous lui aviez confié, dont il a été le modéle par sa piété sincére: Nous vous en supplions par N. S.

D Eus, qui singulári providéntiâ ad restituendam Ecclésiæ disciplínam, & emendandos hóminum mores, beátum Cárolum suscitásti : da sacro ejus intervéntu, ut sicut ille forma factus gregis ex ánimo, vígili sollicitúdine tibi complácuit ; ita & nos zelo domûs tuæ æstuantes, morum integritáte tibi placeámus; Per Dóminum nostrum Jesum Christum Fílium tuum, qui tecum vivit & regnat in unitáte, &c.

On dit le Credo.

SECRETE.

DEus, qui beá- tum Cárolum Pontíficem pro grege sibi crédito quotídie moriéntem , quasi holocáusti hóstiam accepísti : ejus in- tercessióne, concéde ut amóris tui igne mens nostra succen- sa, gratum ipsa tibi fiat sacrifícium ; Per Dóminum no- strum Jesum Chri- stum Fílium tuum , qui tecum vivit & regnat in unitáte Spíritûs sancti Deus, per ómnia sécula se- culórum. Amen.

O Dieu, qui avez reçu comme une hostie d'holocauste le S. Pon- tife Charles , qui ne ces- soit tous les jours de sa vie de s'immoler lui-mê- me, & de s'exposer à la mort pour le salut du troupeau que vous lui aviez confié : accordez- nous , s'il vous plaît, par son intercession, que notre ame embrasée du feu de votre amour, devienne elle-même un sacrifice qui vous soit agréable : Nous vous le demandons par notre Seigneur Jesus - Christ votre Fils , &c.

Préface du jour de saint Charles.

POSTCOMMUNION.

PRæsta, quæsu- mus, omnípo- tens Deus, ut beá- ti Cároli Pontíficis imitatióne , quoti- diáno cibo carne tuâ

FAites , ô Dieu tout- puissant, qu'en man- geant tous les jours , comme votre Pontife Charles le faisoit , la chair sacrée que vous nous donnez , nous ne la touchions pas seulement des lévres , mais que la recevant avec les sentimens de la foi la plus vive , nous puissions être transformés en la nourriture que nous prenons : Vous qui étant Dieu , vivez & régnez avec Dieu le Pere.

sic utámur ; ut non carne modò prementes, sed & fide tangentes , in id quod súmimus immutémur ; Qui vivis & regnas cum Deo Patre , in univáte Spíritûs sanĉti Deus , per ómnia sécula seculórum. Amen.

A VESPRES , Mémoire de saint Charles par l'Ant. & le ℣. des secondes Vêpres de la Fête , & l'Oraison , Deus , qui singulári. ci-devant , p. 210.

A COMPLIES , les Pseaumes de la Férie; le reste comme au jour de saint Charles.

(S'il est Dimanche , on lira à l'Office de la Nuit pour ix. Leçon , l'Homelie sur l'Evangile de ce Dimanche.

On sera Mémoire de ce Dimanche à Laudes, à la Messe & aux Vêpres , après la Mémoire de saint Charles.

AU SALUT , tout comme au jour de saint Charles : sinon qu'au lieu de l'Oraison , Deus , qui singulári. on dira celle de la Messe du Dimanche dans l'Octave , Tu, Dómine. p. 186.)

SUFFRAGES DE S. CHARLES,

Pour les Fêtes simples & les Féries
de l'année.

A LAUDES.

Ant. Ipse est directus divínitùs in pœniténtiam gentis, & tulit abominatiónes impietátis ; & in diébus peccatórum, corroborávit pietátem. Eccli 49.

Ant. Il a été destiné de Dieu pour faire rentrer son peuple dans la pénitence : il a exterminé les abominations de l'impiété ; & dans un tems de corruption & de désordres, il a rétabli puissamment la solide piété.

℣. *Docébo iníquos vias tuas ;* ℟. *Et ímpii ad te converténtur.* Pf. 50.

℣. J'apprendrai vos voies aux pécheurs; ℟. Et les impies se convertiront à vous.

Orémus.

DEus, qui singulári providéntiâ ad restituendam Ecclésiæ disciplínam, & emendandos hóminum mores, beátum Cárolum suscitásti : da sacro ejus intervéntu, ut sicut ille for-

Prions.

O Dieu, qui par un effet singulier de votre providence sur l'Eglise, avez suscité saint Charles pour être le restaurateur de sa discipline, & faire revivre dans les fidéles l'ancienne pureté des mœurs : accordez-nous par son interceſſion, ce zéle de votre maiſon dont il a été embraſé, & une entiére ſainteté de vie; afin que nous ſoyons en tout agréables à vos yeux, comme il l'a été lui-même par ſa vigilance paſtorale ſur le troupeau que vous lui aviez confié, dont il a été le modéle par ſa piété ſincére : Nous vous en ſupplions par Jeſus-Chriſt notre Seigneur.

ma factus gregis ex ánimo, vígili ſollicitúdine tibi complácuit, ita & nos zelo domús tuæ æſtuantes, morum integritáte tibi placeámus; Per Chriſtum Dóminum noſtrum.

℟. *Amen.*

A VESPRES.

Ant. Il n'a point appréhendé les menaces des méchans, quelqu'élevés qu'ils ſuſſent ; nul n'a été plus puiſſant que lui : jamais rien ne l'a pu vaincre ; & ſon corps après ſa mort a opéré des prodiges.

℣. Rendez gloire à Dieu, ℟. Il vous donnera ce courage & cette force invincible.

Ant. In diébus ſuis non pertímuit príncipem ; & poténtiá nemo vicit illum, nec ſuperávit illum verbum aliquod : & mórtuum prophetávit corpus ejus. Eccli. 48.

℣. *Date glóriam Deo :* ℟. *Ipſe dabit virtútem & fortitúdinem.* Pſ. 67.

L'Oraiſon, Deus, qui ſingulári. *ci-deſſus,* pag. 213.

PERMISSION ET APPROBATION

De Monſieur l'Abbé DE ROMIGNY *, Docteur & ancien Profeſſeur de Sorbonne, Chanoine de Notre-Dame, & Grand-Vicaire de Mgr l'Archevêque de Paris.*

J'Ai lu par ordre de Monſeigneur l'Archevêque, l'*Office propre pour le jour & l'Octave de S. Charles Borromée, Archevêque de Milan, & premier Inſtituteur de la Doctrine Chrétienne*, ledit Office compoſé ſelon le rit & la diſpoſition du nouveau Bréviaire de Paris. Il m'a paru que l'Auteur par le plan qu'il s'eſt propoſé & qu'il a parfaitement exécuté, nous donne dans cet Office une idée ſuivie des vertus & des actions principales qui caractériſent le Saint qui en eſt l'objet. Les Egliſes de ce Diocèſe où l'on fait une Fête ſpéciale de ſaint Charles, ſçauront gré à l'Auteur de ſon travail : Nous conſentons volontiers qu'elles l'adoptent & en faſſent uſage ; & en conſéquence, que ledit Office ſoit imprimé pour être chanté & récité en particulier, nonſeulement dans l'Egliſe de S. Charles de la Doctrine Chrétienne, mais auſſi dans les autres Egliſes ou Communautés qui ont le même ſaint Archevêque pour leur Patron, & qui ont coutume & la permiſſion d'en célébrer la ſolemnité. Donné à Paris, ce 24 Octobre 1737.

Signé, L. DE ROMIGNY, Vic. Gén.

J'Ai lu pareillement par ordre de Monſeigneur l'Archevêque de Paris, la traduction Françoiſe de cet Office Latin. Elle m'a paru fort correcte & d'une bonne compoſition, & mériter d'être imprimée : les Leçons du jour de la Fête, & celles des jours ſuivans de l'Octave, tirées des Diſcours mêmes de S. Charles, fourniront une grande inſtruction aux perſonnes qui en feront uſage. Le Traducteur a ſu en conſerver & en rendre toute l'onction & toute la piété. Donné à Paris, ce 24 Juin 1738.

L. DE ROMIGNY, Vic. Gén.

Le Privilége eſt au Bréviaire & au Miſſel.

OFFICE
DE S. CHARLES,
NOTÉ.